一〇八怪談
飛縁魔

川奈まり子

竹書房
怪談
文庫

目次

※本書に登場する人物はさまざまな事情を考慮して仮名にしてあります。

第一話（序）降魔ケ刻《ごうまがとき》

煩悩《ぼんのう》の数だけ怪異を綴《つづ》るこのシリーズも三作目となった。夜叉《やしゃ》、鬼姫《おにひめ》と来て、このたびの副題は飛縁魔。またしても女妖《にょよう》である。

飛縁魔と書いて「ひのえんま」と読む。根源を辿《たど》ると、釈迦《しゃか》の禅定《ぜんじょう》を妨げようとしたマーラに行きつく。マーラは煩悩の化身で、愛の神・カーマと合体したカーママーラなる別名からも察せられるように、あの手この手で欲情をそそり、惑《まど》わし、道を踏み外させんとする。

江戸後期の奇談集『絵本百物語』で、作者の桃山人《とうさんじん》はこれをこう紹介している。

《顔かたちうつくしけれどもいとおそろしきもの尓《に》て、夜な〳〵出《いで》て男の精血《せいけつ》を吸《すい》、つゐ《ゐ》尓者《には》とり殺すとなむ》

精のみならず血まで啜《すす》るとは、あな恐ろしや！　このイメージのお蔭で二〇二〇年に奄美大島近海で発見された新種のウミエラが、真っ赤な口が吸血鬼を連想させることから飛縁魔にちなみ「カリベレムノン　ヒノエンマ」と名付けられたのは記憶に新しい。

倫理を踏み越え秩序を掻《か》き乱す魔性の女は、恐れられると同時に憧れられもする。

江戸のダークヒロイン、八百屋《やおや》お七《しち》を丙午《ひのえうま》の生まれだとする俗説がある。飛縁魔に由来する干支の丙午生まれの女に関する迷信も、近年まで存在していた。

たとえば私は、前回の丙午、一九九六年の翌年に生まれた。飛縁魔的な女児の誕生を恐れた親が多かったがために、同年は出生率が約二五パーセントも落ち込み、反動で翌年はベビーブームになったとか……。小市民から生まれた平凡な人間で残念無念……などという戯言《ざれごと》はさておき、あたかも飛縁魔のような悪女が実際にいるようだ。

——こんな話を聴いた。

仮に中村家とするが、昔から東京都内で旅館業を営んできた一家があった。彼らは平成になる頃に廃業して、家族は散り散りになり、ことに長男は今に至るも行方不明だ。

その原因を作ったのが長逗留していた謎の美女。跡取りと目されていた長男と、その父である旅館の主を二股に掛けた挙句、主の妻から多額の手切れ金を毟《むし》り取って去った。

直後に長男が失踪。同時に、客室に女の幽霊が出没するようになった。

それから間もなく小火《ぼや》騒ぎもあり、旅館はたちまち廃《すた》れて潰れた。

主と妻は離婚した。旅館の跡地は売却され、行き場を失ったせいか幽霊の噂も消えた。

一方、件の女は健在で、彼女自身がＳＮＳに投稿した写真を見る限り、すでに五十路半ばになるはずが、異様に瑞々《みずみず》しい若さを保っている。

かつて旅館に頻々《ひんぴん》と現れた幽霊は、痩《や》せさらばえた老婆の姿をしていたというのだが。

第二話　母を訪ねてきた男

両親が離婚して、母ひとり子ひとりの暮らしが始まったのは、宏雪《ひろゆき》さんが小学四年生のときだった。きょうだいのない独りっ子。祖父母と同居していた大阪府郊外の一戸建てから吹田《すいた》市の街中にある小さなアパートに引っ越して、初めて孤独を知った。

母が借りたアパートは三階の角部屋だった。エレベーターはなく、壁が薄かった。

誰かが階段を上り下りすると、部屋の奥にいても足音が聞こえてきた。

引っ越してきた日の夜、蒲団《ふとん》に入って枕に頭をつけた途端《とたん》、階段を上ってくる足音が耳に入った。三階まで来ると、外廊下を歩いて、この部屋の前で止まった。

足音の感じから大人の男と思われた。暗い外廊下に佇《たたず》む姿が、自ずと頭に浮かんだ。

――父だろうか。

玄関に飛んでいってドアを開けたい衝動に駆られたが、そんなことをすれば母が怒るだろうと予想した。また父は、いつも善い人というわけでもなかった。

足音は毎晩続いた。

それから間もないある土曜日のこと、午前中授業を終えて正午すぎに帰宅したら、家の中に見知らぬ人がいた。やや大柄なことを除けば特徴の薄い四〇年輩の男だった。

ダイニングキッチンと隣の六畳の間のガラス障子が開いていて、六畳間を突っ切って、母が寝室にしている奥の四畳半に入っていく背中が見えた。

奥の部屋のドアも開いており、その戸口を通るときに、男は一瞬、鋭い眼差しをこちらへ向けた。後ろ手にドアを閉めるしぐさとあいまって、来るなよと脅されたように感じた。

宏雪さんは、いったい何者だろうと悩みながら、母の寝室のドアを見つめた。

すると一秒も経たず、ドアが開いて母が出てきた。

「今、入っていったんは誰？」

そう訊ねたところ、母は怪訝《けげん》な顔をした。

「誰も来ておらんよ。……ほら、見てみぃ」

促《うなが》されて部屋の中を見た。確かに誰もいなかった。

しかし翌朝、母の寝室を覗《のぞ》くと昨日の男が空になったベッドの足もとに佇んでいた。

ぼんやりと、母が寝ていた辺りを眺めている。

そのとき母は毎朝の習慣で、隣の部屋で仏壇に向かって般若心経を唱えていた。

母がお経をあげるうちに男の姿は煙のように薄れていき、やがて消えた。

その夜からは足音も訪ねてこなくなった。

第三話　あぶく

宏雪さんが一〇歳の頃の話だ。

母と二人きりで暮らしだしてひと月ばかり経った頃のある日、夕方、近所の神社へ遊びに行った。こちらにはまだ友だちがいない。神社は公園と違って学校の子たちが来ておらず、むしろ寂しさを感じずにいられる場所だと知ったところだった。

神社の境内では、蝶や小さな甲虫が採れた。

しかし、この日は着いて間もなく、本堂の陰から真っ黒な男がのっそり現れたかと思ったら走って追いかけてきたので、虫採りどころではなくなった。

そいつは顔も両手も墨で塗りつぶしたかのようで目鼻立ちが判然とせず、両の眼が赤く光っている、怪人だった。

鳥居の下を駆け抜けて、無我夢中で走りつづけ、家の玄関に飛び込んだ。

彼を出迎えた母は、みるみる険しい表情になった。

「なんてモノを憑《つ》けてきたんや。まだ入るんやない。こっちに背中を向けなさい」

有無を言わせぬ口ぶりで命じられて、玄関の三和土《たたき》に立ったまま後ろを向くと、パンパンパン、と、掌《てのひら》で三回背中を叩かれた。

しかし、そんなことでは憑きものを落とせなかったようで、それからというもの、家の中でふいに誰かから「今日はどこ行ってたんや?」などと話しかけられるようになった。姿は視《み》えなかったが、声は男のこともあれば女のこともあり、気配を感じた。

宏雪さんが怯えるので、母が勤務先の同僚に霊能者を紹介してもらって、対処法を教わってきた。

「お仏壇に三つ、お水のコップを置きなさいって。母方の先祖に障《さわ》っている霊と、父方の先祖に障っている霊、それから動物霊がその水に入ると、泡が立つそうや」

また母は、宏雪さんに毎晩これを聴かせろと言われたとのことで、般若心経のカセットテープとウォークマンを預かってきていた。

翌朝、三つのコップがどれもあぶくでいっぱいになっていた。

「ただの水やのに……。このあぶくの数だけ悪い霊が集まっとるいう話やった」

母によれば、悪霊が祓《はら》われたら泡が立たなくなるのだという。

半信半疑だったが、三日も続けると怪しい声がしなくなり、泡も半分ほどに減った。

……だいぶ祓えたようだ。少し安心して、学校から帰ってきたときに「そこにいますか?」と冗談半分で宙に向かって訊いてみたところ、バリバリと家鳴りが応えた。

第四話　歌う女

神奈川県の某所にある元社員寮で、いないはずの女の歌声を聴いたことがある。

そこは幽霊が続出するがために従業員が全員逃げ出してしまったという触れ込みで、私も出演した怪談番組のロケ地に選ばれたこともあった。ロケからしばらく経って怪談界隈の友人たちと取材を兼ねて遊びに行ったところ、厨房の方から、あまり若くなさそうな女の鼻歌が明らかに聞こえてきたのだった。映画『ニュー・シネマ・パラダイス』のテーマ曲のような節まわしだが、無人の建物である。無論、厨房にも誰もいなかった。

兵庫県にお住いの高宏《たかひろ》さんも、姿の視えない女が歌うのを聞いたことがあるという。

当時、彼は二七、八歳で、それまで住んでいたワンルームマンションから、１ＤＫの部屋に引っ越したのだった。

ところが初日から幽霊を視てしまった。

寝入りばなに金縛りに遭い、目を開けると枕もとに若い女が正座していたのである。

彼女は、正統派の幽霊とでも呼びたいような姿形をしていた。つまり、白いワンピースを纏《まと》い、漆黒のロングヘアで顔が半ば隠れており、蒼白な顔をしていたのである。

温度が感じられない目つきで瞬《まばた》きもせず見つめられ、恐怖のあまり高宏さんは気絶した。

朝になると、昨夜のあれは明晰夢《めいせきむ》というものかもしれないと思ったが、それにしても生々しかった。女の目鼻立ちの細部まで記憶していて、夢のようではない。

夜が来て、また出たら……と恐れながら眠ったところ、今度は本当に夢を見た。夢で、彼はいつもの遊び仲間数人と廃屋で肝試しをしていた。真っ暗な廃屋を探検していたら、懐中電灯の明かりが白いワンピースを着た怪しい女を照らし出した。

そこで慌てふためいて仲間たちと一斉に廃屋の外へ逃げ出した——。

こんな夢を毎晩立て続けに見た。毎回少しずつシチュエーションが異なり、廃屋ではなく廃工場だったり、ただ逃げるのではなく幽霊に向かって「臨・兵・闘・者・皆・陳・列・在・前」と九字を切ったりするときもあった。ただし出てくる幽霊はいつも同じ。あの女だ。

これが一週間ほど続いた後のある夜、出勤前に干しておいた洗濯物を取り込もうとしてベランダに出たら、間近で女の声が歌いはじめた。

柵のすぐ外に立って、彼に歌いかけているとしか思えなかった。ここは四階なのだが。

怖さよりも不思議さが先に立ち、洗濯物を持ったまま、声の真ん前に立ってみた。

姿は視えない。しかしすぐ目の前にいて、高く澄んだ声でひとしきり歌うと、消えた。

それきり、白いワンピースの女の夢を見なくなったという。

第五話　犬

高宏さんは大阪の大学に入学すると同時に、ワンルームマンションを借りた。初めての独り暮らし。古い建物の狭い一室ではあったが、前々から楽しみにしていた。

事前に聞いていたところではここはワンルームばかりで、ペット飼育は不可とのこと。

ペットを飼うつもりはなかったから気にしていなかったが、引っ越してみると、どうやら隣の部屋では犬を飼っているようだった。

毎日、ワンワンキャンキャンと犬の鳴き声が聞こえてくるのだ。

――飼うことが禁止されているのにあんなに鳴かせていては、いずれ問題になるぞ。

犬の声は浴室の方から聞こえた。浴室の壁の向こうにも、ここと同じような部屋がある。

隣人に会うことがあったら、ひとこと注意してやろうかと思った。

ところが二週間ほどして、このマンションの管理会社から苦情の電話がかかってきた。

「お宅で犬を飼っていて四六時中吠えるので、隣近所が迷惑しているそうですよ」

もちろん高宏さんは反論し、犬を飼っているのは隣の住人だと思うと述べた。

しかし、管理会社の方では彼に違いないと決めつけていて、どうにもならなかった。

「右隣も左隣も、それ以外のどこの部屋でも犬は飼っていません。お宅でしょう？」

下手をすると追い出されそうな運びになってしまった。

この電話の直後に、またいつものように犬が吠えた。

浴室に行って鼓膜に神経を集中させた。

——隣じゃない。この声は天井から聞こえてきている。

天井を見ると、点検用の円《まる》い蓋があった。高宏さんは脚立と懐中電灯を持ってきて、これを開けて天井裏を懐中電灯で照らしてみた。

いつのまにか犬は鳴きやんでいた。

——何かあるぞ。写真かな？

腕を伸ばして手繰り寄せてみれば、それはキャビネ版の紙焼き写真の束だった。

どれにも同じ、可愛らしい小さな柴犬が写っていて、大事にされている犬に特有の暢気《のんき》な笑顔を振りまいていた。如何にもああいう声で吠えそうな感じに見受けられた。

それ以降、犬の吠え声がすることはなくなった。

彼はその後、何度か引っ越すうちにこの犬の写真を紛失してしまったが、発見してもらっただけで犬は気が済んだのか、失くしても何事もなかったそうだ。

第六話　抜けて、戻る

二〇二一年現在、世界中で新型コロナことＣＯＶＩＤ19という感染症の猛威が吹き荒れている。私が住む東京都心部も猖獗《しょうけつ》を極めており、人々の不安がいや増す中で、ことにワクチン接種が適応されない小さなお子さんをお持ちの方は気が気ではないと思う。

今から六〇年近く前のことだが、当時六歳の勇《いさお》さんは重篤な小児結核で死にかけた。伊豆長岡温泉の、母が芸者置屋を営む家で、医師に往診してもらいつつ自宅で看護されていたのだが、病状が急激に悪化、意識を失った――ようだったが、患者本人はそうとは知らず、さっきまで高熱にうなされていたと思ったら、いつの間にか夜の公園で遊んでいた。

何度か遊びに来たことがある児童公園だ。でも、今日は周りに知った顔がひとつもない。見知らぬ子どもばかりが一〇人以上も集《つど》って、月明かりに照らされたジャングルジムや滑り台で遊んでいる。自分よりも幼い子どもも何人もいるようなのに、大人がまったく見当たらなかった。しかしそのときは奇妙なこととも思わず、滑り台の上に座った。

どういうわけか、お尻がスロープに接触しない。あれぇ？　と思ってお尻の辺りを見ると、スロープから三センチぐらい上の空中に浮かびながら下降していた。

滑るときに摩擦を感じず、再び滑り台の梯子《はしご》段を上るにも少しも力が要らない。しばらく夢中で遊んでいたが、気づけば、公園から他の子どもたちがいなくなっていた。「帰らなきゃ」と彼は思った。ところが帰り道を知らない。迷子だ。困ったぞ、と悩みながら空に昇ってみたら、小川屋という看板が目に入った——近所の旅館だった。

地平線が青く明るんできた。景色が少しずつ白んでくるにつれ、温泉街の通りのようすがはっきりと見えてきた。

母の置屋を兼ねた洋館の切妻《きりづま》屋根を探していると、横丁から、顔見知りの新聞配達のおばさんが自転車を漕いで現れた。

——おばさんをつけていけば家に帰れる！

咄嗟《とっさ》にそう思いついて、宙を飛びながら後をつけていったところ、家に辿り着いて、屋根に降り立つことができた。

その途端、足の裏から溶けるように屋根にゆっくり沈み込みだし、脚、腰、胴体……と来て、ついに顔の下半分が沈んで、視線が瓦と同じ高さになった。

すると目の前に鴉《からす》の糞があったので「汚いなぁ」と顔をしかめた直後に、天井から自分が寝かされている部屋に抜け出た。そして寝ている自分の中へ、足から先に溶け込んだ。

目を開くと、母が「ああ、よかった！」と優しく抱きしめてくれたとのこと。

第七話　幽霊の五百円札

千葉県北部にある千葉ニュータウンの拠点エリアに、どんな店が入っても長続きしない飲食店用の貸店舗がある。近所の住人である清彦《きよひこ》さんは、かつてそこにあった中華料理店の店主から聞いた話が忘れられないという。

その店は三年ほど前に開店して、一年ぐらいは営業していた。新装開店のときに行ってみたら味が気に入り、すぐに常連になった。店主の腕が抜群で、従業員の愛想も良かった。すぐにニュータウン中から家族連れが詰めかけるようになった。

ずっと繁盛していた。それなのに一年ほど経つと、間もなく移転するというので驚いた。閉店の時刻寸前に訪ねていって、すでに顔見知りになっていた店主に理由を問うても、はっきりと答えてもらえなかった。代わりに「信じられないと思うんですけど」と前置きしてこんなことを打ち明けてくれたのだった。

「今みたいな、夜のもうすぐ閉めるって時間になると、ときどきフラッと入ってくる男性がいるんですよ。ふつうの中年の男ですが、なんとなく古臭い服装をしていて……昭和のサラリーマンみたいな……。で、そこのカウンターの端に腰かけて『オレンジジュース』とひとこと言うから、オレンジジュースをコップに注《つ》いで出す……と、その人はグビグビと実に美味しそうに飲むんですよ。それで、飲み干すと皺《しわ》くちゃのお札をカウンターに置いて立ちあがって『ごちそうさま』って言う。オレンジジュースは一杯三五〇円だから、お釣りを出さなくちゃいけません。だから急いでカウンターの外へ出ていくんだけど、するとね……」

――さっきまでそこにいたはずの男がどこにもいない。

「最初は、閉店間際に迷惑をかけたから釣りは取っておけってことなのかな、と思いました。自動ドアが開く音がしなかったのは妙だけど、そんなこともあるかもしれない。でも、そういうことじゃなかったんですよ。だって、そのお札っていうのが、岩倉具視《いわくらともみ》と富士山が印刷されている五百円札だったんですから。しかも端っこが焦げてるんですよ」

清彦さんは昭和の生まれだから、岩倉具視の青い五百円札を知っていた。

「家にあった古いお札を持ってきただけなんじゃないですか？」と彼は店主に指摘した。

しかし店主は首を横に振ったのだった。

「改修工事が施されているからわからないと思うけど、昔、このビルでは大きな火事があって人が焼け死んだそうですよ。こんな縁起の悪そうな場所にはいられません」

その五百円札がどうなったのか、私は清彦さんに訊ねてみたが、彼も知らなかった。

もしも今でもお持ちであれば、是非、私にお譲りいただきたいと考えたのだが……。

第八話　草津の箱根

ご存知のように、草津温泉《くさつ》は群馬県北西部に、箱根湯本《はこねゆもと》は神奈川県南西部にあり、ざっくり言って草津が北、箱根が南で、車を飛ばしても三、四時間かかるほど互いに離れている。

今から二一年前の七月初旬、千葉県在住で当時は中学二年生だった清彦さんがこれから両親と夕餉《ゆうげ》の食卓を囲もうとしたところへ、母方の伯母から電話が掛かってきた。

何かと思えば、バスガイドをしている従姉《いとこ》がツアー勤務中に倒れて、危篤だという。

従姉はバスガイドならではの知識と話術の持ち主で、愛嬌《あいきょう》たっぷりでもあったから、親戚中のアイドルだった。清彦さんも慕っていた。

母が電話の向こうの伯母に「すぐ行くわ！　それで、どこの病院なの？」と訊ねていた。

そして伯母の答えを聞くと「わかった。じゃあ後で」と言って受話器を戻した。

父が「どこだって？」と母に訊くと、母は答えて曰く――。

「草津の箱根ですって！」

伯母も母も慌てていたのである。父が難しい顔をして「箱根だろう」と述べた。

「夏だから。箱根なら海や湖で水遊びができる」

「じゃあ箱根へ！」と母に急かされて、三人は父が運転する車で箱根を目指した。

三時間弱で箱根に到着して、母が公衆電話から伯母の携帯電話に電話をした。

電話で話しながら、母の顔色がみるみる変わったので、従姉がもう亡くなってしまったに違いないと清彦さんは思った——が、違った。電話を終えると、母がこう言ったのだ。

「草津の○○病院なんですって！　草津に行かないと！」

もう午後一〇時を過ぎている。草津に着く頃には午前一時を回ってしまう。

道に迷っている場合ではないので、地図を注意深く確認しながら、移動を開始した。

しかし、しばらくすると、なぜか広大な霊園の真ん前に来ていた。地図をよく見ると、道を間違ったことがわかり、よりいっそう慎重になって移動を再開したのだが——。

またしても、さっきのとは違う墓地の前に着いてしまって、三人で悲鳴を上げた。

父が「あの子は助からないという、お告げかもしれない」と縁起でもないことを言った。

母はさめざめと泣きだした。清彦さんは、もう家に帰りたいと思った。

それでも両親はなんとか気を取り直して草津を目指し、午前二時過ぎに、ようやっと従姉のいる病院に辿り着くことができた。

従姉はかろうじて生命を保っていた。母は病院に残り、清彦さんと父は明け方に帰宅した。

だが、寝入りばなに金縛りに遇い、後に、そのとき従姉が臨終したのだとわかった。

第九話　首洗い場跡の旧家

前項の清彦さんの母の実家は千葉県北部の旧家だった。一三年前に建て替えるまでは、茅葺《かやぶき》屋根の家が江戸時代以来の歴史を刻んでいたという。

母は末っ子で、上に姉が二人と兄がひとり。母の兄、つまり清彦さんの伯父は少年の頃に、その茅葺屋根の家で白い経帷子《きょうかたびら》に身を包んだ幽霊を見たそうだ。

もう六〇年ほど前の出来事だが、未だに親戚の語り草になっている。

夜、眠っていたら枕もとに女の幽霊が佇んでおり、伯父の顔を見下ろしていた。

ただそれだけの話なのに興《きょう》がる者が身内に多いのは、屋敷が処刑場の首洗い場跡に建てられているためだった。

この因縁のためか、一家は印西《いんざい》市の石尊阿夫利《せきそんあぶり》神社を深く信奉していた。

清彦さんの母も少女の頃から、そこによくお詣りに行って、貰《もら》ってきたお札を毎朝欠かさず拝んでいた。

母によれば、信心を怠ると大蛇が現れるのだという。

実際、お祈りをさぼったときには、こんなことが起きた――夜蒲団に横たわっていたら、シュルシュルと蛇の腹が地面を擦《こす》る音が聞こえてきて、やがてその音が恐ろしく膨《ふく》らんで耳障りになってきたので、とうとう体を起こして周囲を見回してみたところ、胴回りが一抱えもある大蛇が、縁側を越えて、畳に這い上がってきたところだった。

しかし心の中で神さまに祈ると、たちどころに消えてしまったのだという。

この家で起きた不思議は、他にもある。

母たち四人きょうだいが独身だった頃のある日、家で法事を執り行うことになった。

遠方に移り住んだ親族も全員集まってきて、当日は家の中が人でごった返していた。

菩提寺の住職がお経をあげた後、全員でお斎《とき》を……という段取りだった。

お斎のお膳をみんなで囲んで、当主が挨拶をしようとしたそのとき、ゴゴゴゴゴゴゴッと激しい地鳴りが畳を震わせた。

「キャウン」

犬の悲鳴が空気を切り裂くと同時に、怪しい地鳴りが止んだ。

すると上の姉が着物の裾をからげて庭に駆けていった。

この姉は一匹の柴犬を非常に可愛がっていたのだが、今日は来客が多いからと言って、犬を庭に繋《つな》いでおいたのである。

やがて庭から彼女の叫び声が……。犬は死んでいた。なにゆえなのか、原因はわからなかった。

第一〇話　前世の夢

清彦さんの二人いる伯母のうち片方は、いわゆる拝み屋だった。稲荷《いなり》神の眷属《けんぞく》を操《あやつ》って憑きもの落としや霊視を行っていたが、なかでも前世を視ることに長けていた。

この伯母によると、彼の前世は伯母の前夫であるという。

伯母の最初の夫は、第二次大戦中に戦死した出征兵士だった。

若くして戦場に散ってしまった前夫は、死の直前まで伯母を愛していたのだろう。

「その証拠に、清彦くんは赤ちゃんの頃、私に抱っこされると大喜びしていたものよ」

伯母にそんなことを言われても困惑するばかりだったが、やがて一〇歳ぐらいになった頃から、こんな夢を繰り返し見るようになった。

――土煙の中、咳込みながら辺りに目を凝らすと、一面に、腕や脚が千切れたり、内臓をはみ出させている遺体が転がっている。

酸鼻《さんび》を極める景色の只中にいる彼もまた、深く傷つき、命が尽きようとしていた。しかし永久の眠りに就こうにも、激しい寒気《さむけ》で目が冴えて、苦しみが長く続いている状態だ。

自分は、ただ井戸の水を汲みに来ただけだったのに――。

この夢を見た後は、いつも恐怖で震えながら目を覚ました。

一三歳のとき、終戦を記念するテレビ特番を家族で見ていたら、井戸に水を汲みに行ったところ、米軍に攻撃されて死んだ沖縄の兵士たちのエピソードが紹介された。

すると母が「え？　ウソ！」と興奮しだして、清彦さんに向かって「あれは姉さん（拝み屋の伯母）の前の旦那さんのことだよ」と言った。

その直後に、伯母から電話が掛かってきた。

「あなたたちも見てたでしょう？　あれが私の前の夫。清彦くんの前世だよ」

伯母の前夫は、現・沖縄県糸満市摩文仁《いとまんしまぶに》にあった共同井戸のそばで、機銃掃射に斃《たお》れたのだった。この海辺の村では唯一の井戸だったが、村人と兵士が近づくたびに海上の米艦から絨毯爆撃を喰らって、井戸の周りは死屍累々《ししるいるい》となった。

そのとき死んだ大勢の兵士のうちに、伯母の前夫がいたというわけだ。

今、このことがテレビで紹介されて、清彦さん自身も見ていたというのも何かの縁だと母が言い、後日、清彦さんを連れて、伯母の前夫の墓を訪ねた。

お墓参りをしてからは、あの夢を見なくなった。

第一一話　団地の空き部屋

都市ガスのガスメーターの所有者はガス会社である。点検調査や一〇年に一度のガスメーターの交換の際には、ガス会社から配管設備の作業員が各家に派遣される。

一昨年の夏のことだ。山梨県で都市ガスの配管設備の仕事に就いている兼二《けんじ》さんは、先輩作業員と二人で山梨県内の市営団地でメーターの交換作業に励んでいた。

団地は古く、建物には傷みが目立った。炎天下のせいもあろうが、団地内の通路には人影もなく、陽炎《かげろう》が立っていた。全体に寂れかけた雰囲気で、ところどころ空室がある。

空き部屋のメーターには《ガス閉栓中》と記された青っぽい札が下がっている。

とある棟の二階の一室にも青札が下がっていた。

廊下を挟んで斜め向かいには住人がいて、インターホンに応えて年輩の女性が出てきた。ところが、この人がどうにも奇妙で、交換について説明しはじめても返事をせず、向かい側の空き部屋のドアを凝視しだした。

とりあえずガスメーターは交換したが、作業中も女性は青い札が下がった部屋のドアに目を釘付けにして、戸口に突っ立っているばかりで微動だにしなかった。

作業が終わると、いきなりスイッチが入ったかのように、女性は無言で部屋に引っ込んだ。

すると、彼女と入れ替わるかのように、斜め向かいの空き部屋のドアが三〇センチほど開いた――かと思うと、すぐに、壁を震わせるほどの勢いでバタンと閉まった。

兼二さんはその部屋のドアノブを回そうとしてみたが、しっかりと鍵がかかっており、インターホンは通電していなかった。

念のため団地の管理組合に問い合わせたが、そこは間違いなく空室とのことだった。

それ以来、空き部屋の青札を見ると少し腹の奥が冷えるような心地がする、とのこと。

第一二話　赤いライダー

四〇代の伸吾《しんご》さんは、オートバイのツーリングクラブに参加している。

社会人ばかりの気楽な集まりで、新型コロナが流行する前までは、よく飲み会も開いていた。そんな席では古参のメンバーから聞く昔の武勇伝も愉しみだった。二〇年以上前から存続しているツーリングクラブだから、峠を攻略した自慢話も多かったものだ。

しかし、ひとつだけ、誰かが話しはじめると場がしんみりしてしまう――それでいて、当時そのことに関わったメンバーが大勢いるためか、誰かが語らないうちには解散しづらい、そんな話があるのだという。

ツーリングクラブが結成されて間もない頃に、大型バイクを所有する二〇代の青年が入会してきた。

彼の自慢の愛車は、Z2《ゼッツー》ことカワサキ750RS。川崎重工業が七〇年代に製造していたナナハンで、当時は空前絶後の傑作と呼ばれて人気が高かった。

これのフルカスタムモデルに乗っていたのだ。タンク塗装はメタリックなディープレッド。これに合わせたつもりか、真っ赤なライダースーツを着た彼は、遠目にも目立った。

悪い人間ではなかったが、しばらくすると、運転が荒く、協調性に欠けることがわかってきた。身勝手で粗暴なライダーは、ツーリング中に事故を起こしやすい。

やがて彼は、ツーリングクラブで訪れた愛宕《あたご》山の急カーブで自損事故を起こして重傷を負い、三日三晩苦しんだ挙句に息を引き取った。

彼が死んだ日の夜から、赤いライダースーツを着た男が事故現場に居合わせたメンバー全員の夢に現れた。

ミラー加工したシールドを下ろしたフルフェイスのヘルメットを被っているので、顔が見えないが、あの赤いライダースーツや体つきから推して、事故で死んだ彼に違いなかった。

夢だけで済んだメンバーは幸いな方で、中には、白昼、赤いライダーが家に訪ねてきたメンバーもいた。

「縁側で休んでいたら、排気音が近づいてきて、庭先に見覚えのあるナナハンが停まって赤いライダーが降りてきたんだが……その直後にバイクごと消えてしまったよ」

またある者は、家の中で鏡越しに赤いライダーを見かけた。二階の寝室の姿見に映り込んでいたのだが、後ろは窓で、振り返ると誰もいなかった。

怪しい現象はいつしか止んだ。しかし、メンバーの瞼《まぶた》の裏には真っ赤なライダーの姿が永遠に刻印されてしまったのである。

第一三話　伯父の心残り

シャッター通り、あるいはシャッター商店街という言葉を聞いたことがあるだろうか。八〇年代後半から可視化されてきた商店街の衰退は未だに解消されていない。当然ながらシャッターの後ろには人生の悲哀が隠されている。

恵子さんの伯父が、代々の家業だった八百屋を畳んだのは一九九〇年頃のことだった。店があった板橋区の商店街が寂れ果て、にっちもさっちもいかなくなったのである。四十路《よそじ》に足を踏み入れたばかりで失業した絶望は深く、彼は気づけば重度のアルコール依存症になっていた。酔うと家族に当たり散らし、晩年は親戚からも疎《うと》んじられていた。

恵子さんも、アル中になった伯父を嫌っていた。

昔はこの伯父のことが大好きだった。伯父の八百屋は恵子さんの家から、いわゆるスープの冷めない距離にあり、伯父は、共働きの彼女の両親に代わって保育園の送り迎えを引き受け、その他にも何くれと世話を焼いてくれたものだ。

恵子さんが四〇歳のとき――それは今から一〇年ほど前のことだが、伯父の訃報が届いた。享年六五。死因はアルコール依存による合併症。前々から全身にガタが来ていた。泥酔して蒲団に入り、そのまま目を覚まさなかった。

折悪しく、そのとき恵子さんは重度の鬱病に悩まされていた。外出は苦痛でしかなく、また、祖母や従姉たちを困らせている酔っ払いの伯父を憎く思ってもいたので、お通夜や葬式に参列しなかった。線香を上げにも行かず、ただ、家に引き籠もっていた。

伯父の初七日に精神科の受診予約を入れていたのは偶然だった。病院は品川駅の付近にあり、伯父の家がある板橋から離れていたが、品川の港南口から出ると、目の前に忽然《こつぜん》と伯父が現れた。

やつれて老け込み、よれよれのスーツ姿で、生前愛用していた黒縁メガネをかけていた。

それからというもの、出掛けるたびに伯父に遭遇するようになった。通院のたびに路上や駅のホーム、病院内の喫茶店にも、彼《あ》の世から来て、何か言いたそうに見つめては、消える。

つきまとわれるうちに、お葬式に行かなかったことを恨んでいるのだろうかと思うようになった。

さすがに怖くなって従姉にメールで相談した。すぐに「お父さん、最期に恵子ちゃんに会いたかったんじゃないかな」という返信があった。

それを読んで恵子さんは、許さなければいけなかったのは私だ、と悟ったという。

以来、伯父の幽霊が彼女の前に姿を現すことはなくなった。

第一四話　累ヶ淵の沈黙

累《かさね》ヶ淵《がふち》は、日本三大怪談（四谷怪談・皿屋敷・牡丹燈籠《ぼたんどうろう》）にこそ漏れはしたが、たいへん有名には違いなく、江戸時代から現代に至るまで広く人々に愛されてきた。曲亭馬琴《きょくていばきん》が本に、鶴屋南北《つるやなんぼく》が歌舞伎に、三遊亭圓朝《さんゆうていえんちょう》が落語にした累ヶ淵には、オマージュ作品も数々あり、近年の例としては、映画化もされた松浦だるまの漫画『累』をご記憶の方が多いのではなかろうか。

私自身も、圓朝の『真景累ヶ淵』を、桂歌丸《かつらうたまる》や三遊亭圓生《えんしょう》などの名演で繰り返し愉しんできた。落語には俗に「古累」と呼ばれる『累草紙』という先行作もあり、こちらも聴いたことがある。

これら一連の「累モノ」とでも呼びたい累ヶ淵の物語群はいずれも創作であり、フィクションならではの面白さに溢《あふ》れている。

しかしながら今回は、あの物語には原型となった実際の事件があったかもしれないことを記す必要がある。

なぜなら、このたび私に寄せられた体験談が、実際の累ヶ淵事件に関することだからだ。そう。現実に事件が起きたのだ。それについて記した『死霊解脱物語聞書《しりょうげだつものがたりききがき》』という江戸時代のルポルタージュが存在し、これがすべての「累モノ」の下敷きになった。

まずは、『死霊解脱物語聞書』から、事実らしき部分を抽出してみる。

時は一七世紀の中頃、江戸時代前期のこと。当時、下総国岡田郡羽生《はにゅう》村、つまり現在の茨城県常総《じょうそう》市羽生町の鬼怒川《きぬがわ》河畔で二つの殺人事件が起きた。

子連れで再婚した女Aが、豪農の夫Bに疎んじられた前夫の子「助」を意図的に溺死させた第一の事件。

その後、AとBの間に誕生した娘「累」が入り婿Cに殺された第二の事件。

そして累を殺したCの後妻が次々に死んだ末に、Cの六人目の後添いである数え一四歳の「菊」に累の霊が憑依して、「私は二六年前おまえに殺された累だ」と口走るなどした。

そこで、これら三世代にわたる一連の出来事は怨霊のしわざであるとされて、お江戸の名エクソシスト・祐天上人《ゆうてんしょうにん》が菊に憑依した怨霊を折伏し、成仏させて一件落着――。

整理すると、同じ家系で二度も殺人が行われ、子ども二人と累を入れて計六人の女が死んだ次第だ。助と累がうりふたつな醜貌だったり、どちらも鬼怒川の淵が殺害現場となったり、菊に憑依現象が起きて祐天上人が乗り出したりしなくとも、充分に怖い。

――さて、時は移って、現代の話。

美夏《みか》さんは、少女の頃から五〇歳を過ぎた現在まで怪談が大好きで、テレビやマンガ、読み物で怪談に親しんできた。

ところが、どういうわけか「累モノ」にだけは、一切、触れることができずにいた。

累ヶ淵の話を知ろうとすると、必ずや何らかの酷いトラブルに巻き込まれて断念せざるを得なくなるのである。

美夏さんだけではなく、母や母方の伯母も、同じ理由で「累モノ」を知らない。ことに伯母は大の落語好きなのに、真景累ヶ淵と古累だけは聴けぬまま、米寿を迎えてしまった。おそらく累の「か」の字にも触れられぬまま寿命をまっとうすると思われる。

実は、『死霊解脱物語聞書』には、助や累の殺害を目撃しながら見殺しにした羽生村の村人たちが登場する。そして美夏さんの母方祖父の生家は、『死霊解脱物語聞書』に書かれた事件の前から、羽生村にあったとのこと。

さらには、彼女の母や伯母によれば、累にまつわる出来事は、大昔から一族の禁忌として、どんな形であれ断じて触れてはならぬとされ、口外することも禁じてきたのだという。

——罪悪感のなせる業か。永遠に消えないタブーというのも、一種の祟りには違いない。

閑話休題◆真景累ヶ淵の駕籠、タクシー幽霊の自動車

『真景累ヶ淵』は、三遊亭圓朝が安政六年（一八五九年）に創作したと言われている。

なぜか古典の怪談落語には長尺なものが多く、これも全九七章からなる大長編で、噺家が口演する際にはだいたい七話に分けて語られる。現在、圓朝を除けば全編を語ったのは桂歌丸のみとされており、歌丸師匠に従えば、各小題は「宗悦殺し」「深見新五郎」「豊志賀の死」「勘蔵の死」、「お累の自害」「湯灌場から聖天山」「お隅《くま》の懺悔」ということになる。

ところで、「豊志賀の死」と「勘蔵の死」には、駕籠が絡《から》んだ怪異が描かれており、どちらも、青山のタクシー幽霊に代表される現代の自動車怪談に似たところがある。

前者では、駕籠の中から豊志賀が消えてしまう（実は彼女はすでに死んでいて、駕籠に乗っていたのは幽霊だったのだ）。

後者では、新吉が乗った駕籠が、なぜか目的地へ行かず、兄が処刑された小塚原へ向かう。

もうおわかりだと思うが、類似の現代怪談がいくらでもあるではないか……。

駕籠が自動車に変わっても、心霊現象そのものはなかなか進歩しないようである。

第一五話　波切の墓

ダイダラボッチの伝承で知られる三重県志摩《しま》市大王町波切には、風変わりな葬送の習慣があった。

現在五〇代の勳《いさお》さんが子どもの頃は、波切の村の共同墓地が広場にあって、村人が亡くなると、その広場にテントを建てて村人が総出で葬式を行った。

広場の一角に墓守の屋敷があり、この家の主人が墓掘りもすること、及び、墓には深い壺状の穴が不可欠だったことから、村では墓守を「壺掘り」と呼んでいた。誰かが亡くなると、家人が「壺掘り頼みに行かんかれ！」と言って墓守に墓穴を掘らせるという具合である。

村には仏教寺院も神社もあったが、どこも墓地を備えておらず、お弔《とむら》いをする段になると僧侶を呼んできてお経をあげてもらった。

盆の入りには「大念仏」という法要行事が盛大に執り行われた。傘に茄子《なす》・胡瓜《きゅうり》・数珠《じゅず》をぶらさげた「傘ぶく」を、死者の遺族が作っておいて、夕方からそれを持って広場に集まる。

はじめは僧侶が読経し、次に司会者が死者の屋号と名前を読みあげる。

「〇〇〇（屋号）の×××さんのためにィ！」

高らかに司会がこう叫ぶと、鉦や太鼓がにぎやかに打ち鳴らされ、それを合図に傘ぶくを掲げた遺族一同が広場を練り歩くのだ。

しかる後に、同じ場所で盆踊りと、勳さんの時代にはロケット花火を使った戦争ごっこが始まったのであった。

幼児から中学生ぐらいまでの男の子たちが東軍西軍に分かれて、ロケット花火を撃ち合ったわけだが、広場の端と端に離れて陣取るので怪我人が出る気づかいはなかったという。

勳さんが小学五年生の大念仏の晩のこと。盛んにロケット花火を撃つうちにマッチを切らして、墓の灯篭《とうろう》から火種を貰おうと思いついた。

初盆《ういぼん》のお墓には竿石《さおいし》がない。代わりに戒名を書いた杭（卒塔婆《そとば》ではない）と一対の白木の灯篭《とうろう》が立っている。灯篭には蝋燭《ろうそく》の明かりを入れるが、燃え尽きれば自然に消える。

大念仏を始めるときに蝋燭を点けたので、他の灯篭はみんな消えていたが、ひとつだけ明々と輝く灯篭があったのだ。

そこで五、六人の仲間と一緒に火を貰いに行ったところ、灯篭の戸を開けた途端、辺りが暗くなった――蝋燭はとっくに片づけられ、冷めた蝋涙《ろうるい》を残すのみだったのだ。

勳さんたちは悲鳴をあげて逃げ帰り、ロケット花火の後片づけをしなかったことで、それぞれの親から後で散々叱られた。

第一六話　化け物屋敷のみやげ話

三〇年近く前のことになるが、三重県出身の勝良《かつよし》さんは当時、東京都八王子市の美容室で働いていた。駆け出しの美容師は存外に忙しいもので、閉店後も新しい技術の習得やコンクールの準備などに時間を取られる。

お蔭でそのとき彼は、友人が計画した肝試しに乗り損ねた。

当時、八王子市と町田市を繋ぐ街道の途中、大きな道路から少し外れた山の中に廃屋があって、そこが化け物屋敷として近隣の若者の間で知られていた。

仲間たちが噂の化け物屋敷で肝試しをするというので参加したかったが、時間の都合で無理だった。そこで、せめてみやげ話だけでも聞かせてくれと頼んだところ、肝試しの後で八王子市内のファミレスで合流させてもらえることになった。

勝良さんを入れて仲良し六人組である。深夜、待ち合わせをしたファミレスに行くと、すでに五人で大きなテーブルを囲んでいた。

そのテーブルの上に、お冷のコップが六個あった。

空いた席に座ると、ちょうど目の前に手つかずのコップがあったので、何も考えずに手に取ってゴクッと飲んだら、友人たちが一斉に悲鳴をあげた。

「カッちゃんが幽霊の水を飲んだ！」

どういうことかと訊ねたら、五人で着席したのにお冷が六個並べられたとのこと。

「早く言ってよ！　……まあ、もう仕方がない。それで？　どうだった？」

「いや、それがイマイチだったんだ。大学生のグループが先に来ていて……」

学生が大はしゃぎしていたので、雰囲気がぶち壊しだったのだという。それでもせっかく来たのだからと隅々《すみずみ》まで見てきたらしい。

仲間のうち一人が、「でも、思わせぶりなクローゼットがあったから開けてみたんだけど、まるっきり空っぽだったんだよ」と苦笑いしながら述べた。

すると残りの四人が色めき立った。

「俺もそのとき一緒に見たが、ボロ雑巾が詰め込まれてたじゃないか！」

「ウソ！　私が見たときは、そこにはセルロイドのお人形があったよ？」

「え？　Cちゃんと私、同時に見たよね？　ふつうに洋服が掛かってたじゃない」

「いや、僕が見たときは一輪挿しの花瓶がポツンと置かれてた」

これを聞いて勝良さんは俄然そこに行きたくなり、今から連れていけと騒いだが、断られた。それぞれ違うものを見ていたとわかり、五人とも震えあがってしまったのだった。

第一七話　田んぼの子ども

三重県の県道一六九号玉城南勢線《たまきなんせい》、通称・サニーロードが全線開通したのは一九九六年のことだった。その翌年か翌々年の夏、勝良さんが伊勢志摩の実家に帰省すると、中高でつるんでいた仲間たちに「車でサニーロードを通ってみないか？」と誘われた。

勝良さんたちの地元はサニーロードの終点がある南伊勢の沿岸部だった。起点はそこから約一八キロ北上した有料自動車道の料金所だ。道が空いていれば二〇分ぐらいで行けるだろう。

言い出しっぺは酒が飲めない体質で、車を所有している上に気風《きっぷ》が良かった。

「俺が運転するから伊勢市の繁華街に遊びに行こう。おまえらは飲みたきゃ飲めや」

勝良さんは喜んで誘いに乗った。夏の夕暮れ、海沿いの国道から出発してサニーロードを経由して伊勢市に行って遊んだ。車の持ち主と彼の他に二人、計四人、同い年の気の合う仲間同士で楽しく飲み食いして、深夜、来た道を戻りはじめた。

やがて、サニーロードの起点がある料金所のそばに差し掛かった。

道の横に田んぼがあり、辺りには誰もいない――。

「ションベンして、ええ？」

ひとりが言いだすと我も我もと、結局全員が車から降りて田んぼに向かった。

浅く水を張った田には水稲が育っており、悪いと思ったがやりだしたら止まらなかった。

そのうちスッキリして車に戻ろうとしたところ、ひとり足りない。田んぼを振り返ると、水稲を掻き分けて歩いていく背中が見えた。

「バカ！　何やってんだ！　戻ってこい！」

「子どもがこっち来いって手招きしてる。ほら、そこにおる。子どもが、なあ？」

指さされた方を見てゾッとした。街灯の光がかろうじて届いており、そこで田んぼが途切れて、深い崖が口を開けているのがわかったのである。

慌てて三人で追いかけ、暴れて抵抗するのを泥だらけになって引き摺り戻した。

すぐに車を出して、サニーロードの終点に着くと、車の持ち主が霊感のある女友だちに電話でこの件を報告した。すると、「あんた、ひとり乗せとるよ。後部座席の真ん中に座っておるわ」と怖いことを言われてしまった。

幸い勝良さんたちには、それ以上のことは起きなかった。しかし、およそ半年後、その崖で誰かが投身自殺して地元の新聞に載った。

さらに数年後、田んぼを潰してコンビニエンスストアが建ち、今に至っている。

第一八話　先輩の金属バット

「川奈先生、去年亡くなった友だちの話をさせてもらっていいですかね？」

勝良さんに訊ねられて、私は「どうぞ」と先を促した。聞けば、この夏でちょうど一周忌だがコロナ禍の最中で田舎へ帰れない。手向《たむ》け代わりに話したいとのことだった。

「亡くなる三日前に僕の親父の理髪店に来て、カッちゃんに会いたいと言っていたそうですよ。何か予感がしたのかな……。心臓に持病があったから……。

若い頃、帰郷したときにそいつ――仮にFとします――Fから聞いた話です。

Fは成績優秀で某国立大学に進学して、学生寮に入りました。そして、気立てのいい男だからすぐに寮の先輩たちと打ち解けたんです。

大学一年の五月か六月頃に、とある先輩に誘われて部屋に行ったら、金属バットが置いてあったそうなんです。でもその先輩、野球部じゃないんですよ。野球なんてしそうにない人なので、『どうしてこんなものを置いてるんですか？』と訊ねたんですって。

すると先輩が『幽霊が訪ねてくるから、やっつけるために置いてあるんや』と。

Fは冗談だと思ったようです。先輩も、それ以上は何も説明しませんでした。

それから二ヶ月もすると、大学が夏休みに入りました。寮の学生も帰省して、Fの他には三人しか残りませんでした。例の金属バットの先輩も田舎へ帰ってしまいました。

するとＦたち居残り組は、しょっちゅう麻雀をするようになったそうです。

八月のその夜も深夜まで麻雀をして、蒲団に入ったのは午前一時過ぎだったとか……。

Ｆは、うつぶせで寝そべって本を読んでいました。すると誰かが、部屋のドアを開けて入ってきたので、振り向こうとしたんですが……途端に金縛りに遭いました。

身動きが取れない彼に、何者かが近づいてきて、顔の前に来たときに見ると、黒い人影で目鼻がわかりません。でも、幼い子どもと女性の二人連れだということはわかりました。

その女の方が、彼の背中にドスンと馬乗りになって、後頭部の髪をわし掴みにして持ち上げた……かと思うと、パッと離した。枕に顔が沈む、と、また髪を掴んで持ち上げてパッと離す。これを繰り返されて、苦しいのと恐怖とで、すぐにＦは気を失ってしまいました。

目が覚めると朝でしたが……蒲団に大小の足型のくぼみが残っており、畳の上にも裸足の女と子どものものと思われる黒い足跡がついていたそうですよ。

そこですぐに先輩に倣《なら》って金属バットを買い求めたそうですが、彼の部屋には、もう出ませんでした。しかし先輩が同じ寮の二階から四階に引っ越したら、四階にオバケが出るという噂が立ったので、あれらは先輩に憑いていたのだと思うと言っていました」

第一九話　お祖母ちゃんの手当て

プロの和太鼓奏者として活躍されているTさんから、不思議なお話をいくつか伺った。一話を除けば芸名を明記してもかまわないとのことで、活字にする許可を頂戴したが、ひとつだけ名前を伏せるのも難しいので、Tさんとさせていただく。

彼は昭和五六年生まれの四〇歳。広島と岡山の県境にある山あいの村で生まれ育った。

彼の母方の祖母は、遊びに行くたびに不思議な話を聞かせてくれる人だった。

小学四、五年生の頃の夏休み、訪ねていったら、夜になって祖母が病院から帰ってきた。持病の高血圧で遠い町の病院に通っていたのである。朝のうちに予約を入れたが、検査結果が出るまで一時間あまり待つことになったので、病院の売店で弁当を買い、近くの公園に行った。

公園のベンチで弁当を食べていると、片目の下が腫れあがった男の子がやってきて、午後から目の手術をする予定だと祖母に告げた。そこで腫れているところを手で撫でてあげたところ、みるみる治ってしまった。

「手術する必要がのうなったと思うんじゃ」と彼の祖母は嬉しそうに言っていたという。

第二〇話　柱の入道と大きな男

Tさんの実家は築五〇年ほどになる。彼が生まれる一〇年ぐらい前に火事があり、父方の祖父が同じ場所に建て直したのだ。だからそう古い家でもないのだが、その家のトイレの四隅を支える木の柱の一本に、袈裟《けさ》を着けて左手に黒い球を持ったお坊さんの像が浮かびあがっていて、カンナで削ってもヤスリで擦ってても消せない。

いったん消えても、しばらくすると同じ形で黒々と浮き出てくるのだという。

たしか八歳ぐらいのときに、朝、起き抜けにトイレで用を足して廊下に出たら、廊下の東側にある玄関のガラス障子《しょうじ》から眩《まばゆ》く差し込む陽光を背にして、大きな男が立っていた。

尋常な背丈ではなく、頭の天辺が天井につきかけていた。つまり二メートル以上。

「お父さん！　お母さん！　お祖父《じい》ちゃん！」

Tさんは大声で家族に助けを求めたが、その声を聞いても大男はうっそりと佇んだまま、逆光で陰になった顔をじっとこちらに向けていた。

彼は震えあがり、そいつに背を向けて、廊下の突き当たりにある台所に駆け込んだ。

——両親と一緒に戻ってみたら、もう誰もいなかった。

第二一話　太鼓の夢

和太鼓奏者のTさんの田舎には「みあがり太鼓」と呼ばれる奉納儀式がある。五穀豊《ごこくほう》穣《じょう》を祈る神事であるから、村人たちだけで行われ、外部の者は参加できない。

彼の村は標高五六〇メートルの山あいにあり、昔から谷戸《やと》の田畑で生計を立ててきた。一般作物の出来に共同体の命がかかる中、人々は山の神に太鼓を叩いて祈りを捧げた。一般に五穀豊穣の祈年祭というと秋を思い浮かべるものだが、ここでは七月末に催される。早朝、男たちだけで山の麓《ふもと》の神社に集まり、徳利《とっくり》に入れたお神酒《みき》をいただきつつ、太鼓を打ちながら山頂の奥の院を目指すのだ。

村といっても正確を期すなら三つばかりの集落を合わせたもので、集落ごとに幾つか太鼓を保管している。御神輿《みこし》を思い浮かべていただくと理解しやすいかもしれない。みあがり太鼓に用いる太鼓は集落の財産であり、打つリズムや掛け声と共に先祖代々伝えられてきたものだ。サイズは沖縄のエイサー太鼓よりも二回り以上大きい。ただ担いで登山するだけでも容易ではないはずが、祭のときには唄い踊りながら険しい山道を登っていけるのだから不思議なものだ。

酔っているせいかもしれない。みあがり太鼓の最中は、水を飲んではいけない決まりで、酒で喉を潤すしかない。奥の院に着くと、腰を据えてさらに飲む。祭の高揚と陶酔が男たちの太鼓を神がかりにさせる。山を下るときも打ち鳴らしつづけて、麓に帰るのはだいたい午後三時頃になる。

そんな村で育ったTさんが和太鼓奏者になったのは宿命と言えよう。

しかし、もちろん現代の音楽シーンで活躍するには技能だけでなく創造力も求められる。今から十数年前、世界にひとつだけの自分ならではの音を求めて悩んでいた頃のこと、彼はこんな夢を見た。

現実には食べていくのがやっと……という状況なのに、夢では、なぜか豪華客船で世界旅行をしており、着飾った人々が集う立食パーティーに参加していた。やがて会場内のステージに黒いタキシードに身を包んだ太鼓奏者のグループが登場して、演奏を始めた。

神秘的で幻想的。中国大陸を想わせる雄大な力強さもある。聴き惚れていると、いつのまにか傍《かたわ》らに学生時代の友人がいて、鬼のような形相で「メモれ！」と彼を叱りつけた。

この曲の楽譜を書き起こせという意味か？　と思ったら目が覚めたのだが、なんと枕もとのティッシュの箱に、本当に楽譜が記されていた。しかも演奏してみたら、まさしく夢で聴いた曲そのものだった。それが彼の出世曲となったことは言うまでもない。

第二二話　ご先祖さま？

Tさんは二二、三歳の頃、全国から和太鼓奏者を募り、山村にある自分の実家に呼び寄せて共同生活を送っていた。

都会で演奏活動をしては、仲間と一緒に田舎に帰る。食べ物、ことに野菜や穀物は自給自足で、みんなで畑仕事から収穫、料理まで協力し合っていた。

そんなある日のこと、大阪で公演があり、帰宅したところ、上がり框《かまち》の先に祖父がいた。

「祖父《じい》ちゃん、ただいま」

と彼は声を掛けたが、祖父は振り向きもせず、むっつりと黙って廊下の奥へ引っ込んだ。

思えば、すでに夜更けであった。ドヤドヤと大勢で帰ってきて、起こしてしまったのかもしれない。そもそも見ず知らずの若い連中を自分の一存で居候させていることも祖父は気に入らないのか。

「……じゃけぇ、無視するこたぁないじゃろ」

Tさんはブツブツと独り言ちた。すると、横にいた仲間から「誰が何を？」と不思議そうに訊ねられた。

「誰がって、うちの祖父ちゃんが。今、俺を無視してあっちに行ってしもうたから……」

「うん、そもそもどうして『祖父ちゃん、ただいま』なんて言ったのか、わからないなぁと思っていたところだよ。誰もいなかったからね」

そんなはずはないとTさんは思った。ラクダの股引と白い下着のシャツを着た最前の祖父の姿が瞼の裏に焼きついている。

ただ、考えてみると、祖父の寝床は廊下の奥にはない。最近の祖父は頻尿に悩まされていて、トイレの隣にある納戸に蒲団を敷いて寝ているのだ。納戸は廊下の手前の方だ。

納戸の引き戸をそろそろと開けて覗いてみたら、パジャマを着た祖父が熟睡していた。

そのとき祖父の禿げ頭が廊下の明かりを跳ね返し、Tさんは、さっき見た祖父らしき老人と祖父との相違点にハッと気づいた。

――さっきのじいさんは白髪頭じゃった！

廊下の突き当たりは仏間だ。

仏間に行ってみたが、白髪の老人の姿はなかった。そこで彼は仏壇に手を合わせた。

あれはご先祖さまに違いない。そう思ったのだという。

第二三話　淡い想い

新型コロナウィルスが蔓延して県を越えた移動が憚《はばか》られていた時期に、Tさんは知人を亡くした。地元の幼なじみで、公立中学では同級生だった女性が癌を患い、東京の病院で息を引き取ったのである。

訃報を聞いて衝撃を受けた。

都内で通夜告別式があるという。駆けつけたいと思ったが……。

この状況下で東京に行くことはどう考えても適切ではなかろう。新聞やテレビで報じられる感染者数の多さから、東京はコロナ猖獗の地だと思われた。山あいのこの村は今までコロナ患者を出していないが、もしも罹患したら命が危なそうな年寄りが多い。

亡くしてみたら、ずっと忘れていた記憶が急に蘇ってきた。

彼女と二人で、毎朝、駅で顔を合わせていた頃があった。

高校に入学してからの、およそ一年半。

ここの駅は無人駅で、当時、電車通学する高校生は彼女と自分の二人きりだった。通勤する大人もほとんどいなかった。

春のそよ風、梅雨の驟雨《しゅうう》、真夏の陽射し。野焼きが香る秋も木枯らしが吹きすさぶ冬も、朝のホームには彼女がいた。

素朴な少女だった。自身の美しさにまだ気づいていなさそうな幼い笑顔を、切ない想いで胸にしまっていた、あの頃。

高二の夏休み明けからバイク通学に切り替えた理由は、原付バイクを買ったからというだけではなかったかもしれない。言葉少なに並んで立っているだけの自分がふがいなくて、彼女が眩しすぎて、逃げ出したのではなかったか。

——思い出すうちに彼は耐え切れなくなり、子どもの頃を含めて一度も行ったことがない彼女の実家を思い切って訪ねてみた。

彼女の両親は驚きながらも彼を歓迎した。位牌分けされており、遺影も飾られていた。仏壇に手を合わせてから、来たときから線香が焚かれていたことに気がついた。

何も考えず衝動的に来てしまったのだが、その日が彼女の四十九日だったのだ。

それから間もなく、新曲のプロモーションビデオの撮影があった。亡くなった彼女を悼《いた》みながら太鼓を演奏しはじめると、ビデオカメラマンからストップが掛かった。

「Tさんの周りを蛍の大群みたいなオーブが取り囲んでいるから、今日は中止にしよう」

そう言われて目が覚めた心地になり、あらためて青春の追憶に決別したのだという。

第二四話　猫ではない

長年、大型トラックの運転手をしている敏樹《とし き》さんは、勤務中に、車に突っ込んでいく黒い影をよく視かけるという。成猫ぐらいの大きさで、路面や路肩に忽然と現れて、アスファルトの表面を滑るようにすばしっこく移動するものがあるのだ。

いつから視えるようになったのかは、わからない。

この仕事を始めたときには、すでにそれらの姿が視えていた。

時刻を選ばず現れるし、自分が運転するトラックの下に飛び込んでくることもある。

猫ではなく、人間の霊のような気がするとのことだ。

閑話休題◆ゆきずりの幽霊

三、四年前から能の謡本を読んだり、たまに舞台を鑑賞するようになって、能には、現代の怪談によく見られる、「通りすがりの人がたまたま幽霊などの神秘的な存在に遭遇する」パターンが少なくないことに気がついた。

霊的存在が主要な人物（シテ）となる能を夢幻能という。『井筒』や『松風』などが代表的なところだろうか。たとえば『井筒』では、旅の僧侶が在原業平《ありわらのなりひら》と妻の菩提を弔っていると、謎の女と遭遇する。村女かと思いきや、実は彼女は業平の妻の幽霊で、その夜、僧侶の夢に現れるのだ。

現代怪談では、旅の僧侶が長距離トラックの運転手や、タクシー運転手、出張中のビジネスマン、修学旅行の中高生などに置き換えられる。

そういった「旅の人」が、たまたま通りかかった土地に棲みついていた幽霊などと出遭ってしまう話が、創作ではない本当の心霊体験談にも相当な割合——五千人以上インタビューしてきた体感としては少なくとも二割以上——を占めるのは、興味深いことだ。

結局、夢幻能の頃から、幽霊は土地に留まりがちで、人は移動しがちであるというだけのことかもしれない。ゆきずりの幽霊と旅人の物語は、今も現実に続いているのだろう。

第二五話　ハミング

敏樹さんは二〇代前半までオートバイを乗り回していた。やめたきっかけは自損事故。カーブを曲がり切れず側壁に衝突して、骨盤その他全身何ヶ所も骨折してしまったのである。

たいへんな重傷で、リハビリも含めると入院期間は一年近くに及んだ。

ところで、長期入院には焦燥を伴《ともな》う孤独感と退屈がつきものである。今ではスマホとSNSというコミュニケーションツールがあるが、三〇年近く前の、携帯電話すら一般的ではなかった時代だ。ましてや彼は若くて体力があったので、少し怪我が癒えてくると、四六時中病室を抜け出すようになった。

車椅子や松葉杖なしではどうにもならない時期には、病院のロビーや出入り口付近にある公衆電話から方々へ電話をかけて暇つぶしをしていた。

長電話していると、よく看護師にからかわれたものだという。「まーた、カノジョと電話してる！」とかなんとか……。その夜も、薄暗いロビーの公衆電話で友人と長話をしていると、顔なじみの看護師が通りかかって「カノジョが恋しいのはわかるけど、いつまで電話してるの？」と彼に言った。

苦笑いして電話を切り、看護師に軽く言い返そうとしたそのとき、すぐ横にあったトイレから女の声がした。

――ハミングしている。

童謡のようだ。《森のクマさん》か《ヤギさんお手紙》か何か。綺麗な声が、どことなく哀愁を含んだ調子で鼻歌を唄っている。

すでに深夜零時に近かった。

そのときロビーにいたのは敏樹さんと看護師だけだった。二〇分ほど前に彼が電話しはじめたときから、トイレに来た者もいない。

看護師は彼の表情を見ると無言でトイレの中を確かめに行き、すぐに顔を引き攣《つ》らせて戻ってきた。

そして「誰もいなかった」と小声で告げた。

その間も延々と、二人がロビーから立ち去るまで、美しいハミングが続いていた。

翌日から、彼は深夜の長電話を控えるようになった。

第二六話　幽体帰宅

一九九〇年頃のある冬の晩、東京・荒川区の葬儀社で当時三六歳の昌夫《まさお》さんは電話番をしていた。徹夜の電話番は月に一度の回り持ち。夜九時から明朝六時まで宿直室に詰めることになっていた。冬は亡くなる人が多い。一二月からこの方、最多で一晩に七件も電話が入った。仮眠用の蒲団は用意されているが、ほとんど眠ることができない。

昌夫さんはこの仕事に就いて三年目だった。妻が三人目の子どもを懐妊したので、前職よりも実入りがいい仕事を探したのである。

自分はツイていると彼は確信していた。葬儀社の仕事は予想していたよりも苦にならず、転職とほぼ同時に、東浦和の公団住宅の抽選に当たった。お蔭で家賃で出ていく金が少し抑《おさ》えられるようになり、何年か妻が子育てに専念しても貯蓄ができる見込みが立った。

長女は六歳、次女が四歳、そして長男は二歳になった。みんな愛しくてたまらない。

三件ほど電話を取り次いでいるうちに午前一時になった。

前日は日勤だったので、さすがに睡魔がきざしてきた。

ちょっと横になって休もう。そう思って、制服を着たまま掛け蒲団の上にゴロリと仰向《あおむ》けになった。途端に、視界いっぱいに自分の顔が映った。

寝ている自分の体と平行に、もうひとりの自分が宙に浮かんでいた。

葬儀社の制服を着て、うつぶせの姿勢で、無表情に自分を見下ろしている。

唖然として声も出せずにいるうちに、その自分はみるみる高く浮いていった。天井に背中が着くと、一ミリもなさそうな戸板の上の隙間に頭から吸い込まれていって、消えた。

彼は驚いて、後を追おうとした。ところが指一本、動かせない。ドキドキしそうな情況なのに、どうやら心臓も鼓動を止めている。

気は焦《あせ》るが、どうしようもない。お手上げだ――と思っていたら、また戸板の隙間から自分が戻ってきて、今度はスーッと覆《おお》いかぶさりはじめた。顔が迫ってくる。鏡を突きつけられているかのようだ。鼻先から入ってくると同時に、全身に筋肉痛のような痛みを覚えた。

幸い、入り終わるとただちに痛みが消えた。そのとき電話があり、咄嗟に起きて受話器を取って、再び元のように動けることに気がついた。

翌日、妻にこの出来事を打ち明けたところ、こんなことを聞かされた。

「同じ頃に、地震のときみたいに家じゅうがガタガタ鳴りだして、目を覚ました子どもたちが『お母さんの後ろにお父さんがいる』って泣きだしたのよ。家が鎮《しず》まったら、あなたの姿も視えなくなったみたい。……心配だわ。あなた、過労死しかけたんじゃないの？」

第二七話　純白

昌夫さんは三〇年あまり葬儀社で働いているが、幽霊を視たのは一度だけだという。

遺体用の冷蔵庫を備えた遺体安置室（遺族に対しては霊安室と呼んでいた）があり、日に何度か点検することになっていた。宿直明けにも必ず、冷蔵庫の温度や臭気などを確認しなければならない。

冷蔵庫は柩《ひつぎ》ごと遺体を納められる抽斗《ひきだし》型で、壁の一面に三つずつ上下二段、計六個が造り付けられていた。部屋の真ん中には広いスペースがあり、ここで通夜を営むこともできる。

あるとき、宿直明けの点検に行ったところ、部屋の奥の方に若い女が立っていた。戸口にいる彼から見て横向きに佇み、遺体用の冷蔵庫を悲しそうに見つめている。扉には施錠がしてあった。今、鍵を開けたばかりだ。宿直前にも点検した。そのときは誰もいなかった。それなのに、今、天井の照明器具が煌々《こうこう》と照らす室内に……いる。

ヒュッと喉で風が鳴った。しかし大声で叫びだす前に、女の姿は掻き消えた。

断じて見間違いではなかった。何しろ彼女の姿形、服装の細部まで目に焼きついていたのである。一〇代後半から二〇代前半ぐらいの若い女性で、細身《ほそみ》の体形。毛先が肩に軽くかかる長さの、黒く瑞々しいストレートヘア。真っ白なレースで作られた長袖のワンピース。あらたまった席で着る、凝った衣装だった。服と釣り合う、上品なパンプスを履いていた。

「それって、つい一昨日、警察署に迎えに行った女の子じゃないか？　ほら、飛び降り自殺したご遺体があるだろう？　年恰好も服装もそのままだ」

昌夫さんから話を聞いた同僚たちは、みんなでうなずきあったが、彼はそのときは非番で、件のご遺体を見ていなかった。事情があって、まだ遺族が来ていないというのだが。

「そりゃあ悲惨なものだよ。かなり高いところから飛び降りたらしい。着ていた服は廃棄する予定でね……。袋に詰めて安置室の隅に置いてあるよ」

白いワンピースは血塗れで、靴にも血しぶきが跳ね飛んでいたそうだ。

その後、みんなで遺体安置室に行き、線香をあげて、彼女の遺体を納めた抽斗に向かって手を合わせた。

――どうか成仏してください。

あの悲し気な横顔を想い起しながら、昌夫さんも一心に祈った。

それからは彼女の幽霊が現れたという話は聞いていないし、彼自身も視ていない。

しかし、純白のレースを纏った美しい姿は、今もはっきりと記憶しているのだという。

第二八話　小学校の宿直当番

これは、拙著『実話奇譚　蠱惑』に体験談を綴らせていただいた、長崎県の被爆者三世、優花《ゆか》さんが彼女の父から何度も聞かされた話だ。

優花さんの父は、長年、公立小学校の教員をしている。

一九八四年頃のこと。その夜、彼は、新たに配属されたばかりの某小学校で、初めての宿直当番に就いた。

今では廃止されて久しいが、昔の公立小学校・中学校には宿直制度があり、夜間、教師が校舎に泊まり込んで緊急連絡の受付や警備に当たっていたものだ。

懐中電灯で照らしながら、校舎の一階から点検しはじめたところ、廊下でズボンの腰の辺りの布をツンツンと引っ張られた。

振り向くと誰もいなかったが、低学年の子どもが気を惹こうとしてやったというイメージが湧いた。六、七歳の子が小さな手でズボンの布地をキュッと摘まんで、歳相応にか弱い力で引いた。そうとしか思えないような感覚が残っていたのだ。

背筋に冷たいものをあてられた心地がし、とにかく急いで点検を終わらせてしまおうと考えた。

急いで二階へ行く――と、再び廊下でツンツンとズボンを引っ張られた。

校舎は三階建てであった。三階でもまた、ツンツン。

節電のために宿直室以外は消灯する決まりになっていたが、我慢できずに校舎の照明をすべて点灯してみた。

すると何も起らない。

だが、電気を消した途端に、斜め後ろからズボンのベルトをギュッと掴まれた。

悲鳴をあげて宿直室に逃げ戻り、朝までまんじりともしなかった。

後日、主任教諭にこの話をしたところ、思い当たることがあると言われた。

――一〇年ほど前まで、ここには木造の旧校舎が建っていた。鉄筋コンクリート製の校舎を新築するにあたり、旧校舎を取り壊していったん更地にすると、地面に穴を開けてボーリング調査をおこなった。

その最中に一年生の女子児童がひとり行方不明になり、後にボーリングの穴の底から遺体で発見された。好奇心に駆られて穴を覗き込み、うっかり転落してしまったのだった。

それからというもの、新校舎では、時折、怪奇現象が起きるようになった――。

時代が変わって宿直制度がなくなるまで、彼は当番の夜をたいへん恐れていたとか。

第二九話　庚申塚通りにて（前）

東京の小金井市某所の共同墓地には、江戸時代に造られた閻魔《えんま》像や阿弥陀如来《あみだにょらい》像などを納めた閻魔堂がある。勝巳《かつみ》さんの彼女がその近くに引っ越したのは、彼が二〇歳、彼女が一九歳の秋のことだった。

当時、勝巳さんは大学生で都内の実家に家族と同居していた。彼女は専門学校生で、それまで三鷹の学生寮にいたが、その春、上京した兄との同居を両親に勧められたとのこと。

彼女の実家は山形県にあり、兄はしっかり者で、両親から妹のお目付け役を仰せつかった次第だ。

勝巳さんは、件の兄や彼女の両親とすでに面識があり、彼らの信頼を勝ち得ていた。そのため、彼女の引っ越し作業を手伝うことは、反対されるどころか、むしろ期待された。

事実上の婚約者のような立場だ。

彼も彼女も小金井市に行くのは初めてだった。節約のために業者を頼まず、勝巳さんのミニバンで彼女の荷物を運んだ。この車にはカーナビを付けておらず、スマホがない当時のことだから、書店で小金井市の詳細地図を買って、一緒に道を調べた。

学生寮から目的地に至る行き方は大まかにいって二つあり、一方の道よりも、共同墓地の脇道を通るルートの方が直線距離が短かった。地図には墓地の中に閻魔堂の表記があり、問題の脇道は庚申塚《こうしんづか》通りと記されていた。

——思いの外、彼女の荷物が多く、結局、この庚申塚通りを何度も往復する羽目になった。

ここは、墓地を囲むブロック塀の横を通る道で、道幅が狭く、街灯が乏しい。

秋の日は釣瓶《つるべ》落とし。最後に庚申塚通りを差し掛かる頃に、急に日が暮れてきた。

ブロック塀越しに、墓の竿石や卒塔婆、お地蔵さんの頭を横目に見ながらゆっくり進むうちに信号機のない十字路に突き当たる。ここで墓地が終わり、この先は閑静な住宅街だ。

十字路の手前で一時停止したとき、勝巳さんは後部座席に何者かの気配を感じた。

ミラーを少し動かして後ろを確認すると、シートの中央に人間の形をした黒い影が座っており、彼に気づかれたことを意識してか、前に身を乗り出してきた。

つい本能的に振り返ってしまい、運転席と彼女がいる助手席の間から頭を突っ込んできたそいつの顔をもろに視た。白目に赤い毛細血管をびっしりと走らせた二つの眼球。それ以外は目も鼻もわからず、真っ黒。血走った眼の中で、瞳がキョドキョドと左右に動いていた。

悲鳴を上げると、そいつはたちどころに姿を消した。

彼女にはそれが視えておらず、怯える勝巳さんを不信そうに眺めるばかりだった。

第三〇話　庚申塚通りにて（後）

勝巳さんが墓地のそばで車を運転していたところ、急に後部座席に黒い人型の影が乗ってきた。すぐにそいつは消えたのだが恐怖は止まず、彼は車を停めて「今いたじゃん！　黒いのが……黒いのが……」と騒いだ。

しかし助手席の彼女は、疲れたために幻覚を視たのだと決めつけた。

その日、勝巳さんは彼女の引っ越しを午前中から手伝っており、疲れていたのは事実で、また、これから彼女がこの近所で生活することを思えば、あまり怖がらせるものでもない。

そう考えれば、彼女に調子を合わせた方がいい。

「うん。気のせいだよね。言われてみればヘトヘトだよ」

「ごめんね。私のために……。そうだ！　食事しよ？　お腹も減ったでしょ？」

そんなわけで、それから二人で回転寿司店に入った。

ところが食事を始めると、何度も彼女の携帯電話に着信が入った。「出たら？」と促すと、「食事の後でいいでしょう」と言う。納得して放っておいたところ、今度は勝巳さんの携帯電話に着信があった。液晶画面を見ると彼女の実家の電話番号が表示されていた。

急いで出てみたら彼女の母親で、ひどく硬い声で彼女に電話を代われと彼に命じた。

すぐに電話を代わり、彼女のようすを見守った。

何を告げられたのか、彼女はみるみる落ち込んで、電話を終えるときには涙まで浮かべていた。「お母さん、なんだって？　何かあったの？」と訊ねたら、彼女が慕っていた父方の伯父が、ついさっき山形県の病院で息を引き取ったのだという。

「危篤を報せてくれたのに……。私ったら、電話を無視して……」

「山形だろう？　いずれにしても間に合わなかったよ」

彼女が着信を無視していたのは、ほんの一〇分ぐらいのこと。危篤に陥《おちい》ってから病状が急変したのだろう。仕方がなかったのだ――と慰めながら店を出て、再び車に乗り込んだ。

すると彼女が急に「あっ、そうだ！」と大声を出した。

「あの黒い影って、おじさんだよ！　最期に私に逢いに来たんだ！」

勝巳さんは「きっとそうだね」と彼女に同調した。

しかし、心の中では、そうではないことを確信していた。

彼が視た黒い人型は女の形をしていたのである。

それからしばらく後、彼女が何者かに駅の階段から突き落とされて重傷を負った。犯人はわからずじまいで、すでに彼女と別れて久しいが、それだけが今も気がかりだという。

第三一話　かわいそうな子

厭な話だが、実母による子殺し事件は昔から数多ある。二五、六年前に足立区で殺されたとある少女も長い犠牲者の列に連なったひとりで、当時はテレビのニュース番組や新聞で報じられたが、今では世間から存在を忘れ去られた。

ただ、当時、彼女が通っていた二つの小学校の関係者たちだけは別である。

ことに区立A小学校の一、二年生のときの担任教師・圭子さんと、その頃圭子さんの同僚だった和枝さん、そして区立B小学校の用務員の男性は――。

この子を仮にCちゃんとする。ある朝、和枝さんはテレビを点けた途端、画面によく知っている子どもの顔写真と名前が映し出されたので悲鳴をあげた。

それは、この春、B小に転校したCちゃんだった。昨年度まで隣のクラスにいて、同僚の圭子さんが担任をしていた。震える指で電話の受話器を取り、圭子さんの家に電話を掛けると、彼女も新聞の朝刊で事件の報を知ったところだった。

「CちゃんがB小で虐《いじ》められていると聞いたばかりで心配していた矢先だったのに、まさかお母さんに殺されるだなんて……。なんて、かわいそうな……」

Cちゃんは、失業中で精神疾患の持病がある母親と二人暮らしだった上に、三年生の四月から転入したB小で虐めにあっていた。

「つい最近、B小の先生からCちゃんのことで相談されたの。……力になれなかった」

そう言って落ち込む圭子さんを、和枝さんは「しょうがないよ」と慰めた。

この事件から半年後、B小の体育館で区が主催するポートボール大会が開かれた。各小学校からチームを引率する教師が二名ずつ選ばれ、まずはB小で行われる説明会に出席したのだが、なんの因果か、A小では和枝さんと圭子さんが引率係に抜擢された。

説明会の後、夕方から懇親会があり、その席で、自ずとCちゃんのことが話題に上った。

――転校後、家庭での育児放棄が進み、授業についてこれなくなっていたこと。クラスを抜け出して、用務員さんになついていて、よく用務員室に隠れていたこと――。

その場に集った教師一同で、哀れなCちゃんを悼む運びになった。

すると、いきなり校舎全体が激しく揺れた。居合わせた誰もが大地震だと確信し、揺れが収まると、震災後の対応を取るためただちに解散した。

しかし帰りぎわに、和枝さんと恵子さんが用務員の男性に「物凄い地震でしたね」と声をかけたところ、驚いたことに彼は「地震なんてありませんでしたよ」と述べて、こう続けた。

「今日は前の学校の先生もいらしたから、Cちゃんはきっと嬉しかったんでしょう」

第三二話　歩く土左衛門

今年、二〇二一年八月一七日付けの信濃毎日新聞に、白鳥の飛来地として知られる長野県安曇野《あずみの》市豊科《とよしな》の犀川《さいがわ》白鳥湖が流失してしまったという記事が掲載された。

しかしこれは、自然がかつての姿に戻ろうとしているだけのことかもしれない。なぜなら、安曇野市で白鳥が越冬しはじめたのは、実はそう遠い昔のことではない。

犀川一帯への飛来が初めて確認されたのは昭和時代も終わりに近い一九八四年。これは白鳥が集う犀川白鳥湖ならびに御宝田《ごほうでん》遊水池がいずれも天然のものではないことに因《よ》るものだろう。ことに犀川白鳥湖は大正時代に建設されたダムによるダム湖で、以前は犀川ダム湖と呼ばれていた。

信昭《のぶあき》さんの母方の曾祖父は安曇野の名士で、このダム建設の発起人のひとりだった。そのため母方の実家は今でもダム湖のほとりにあり、屋敷の前からダムまで一本道が通っていて、この道を往復するバスが運行している。

昭和二一年頃の一一月下旬のこと。

その日は夜明けから辺り一面、非常に濃い霧に包まれていた。早朝、当時八歳の信昭さんの母と祖父母が茶の間の窓から外を眺めていると、白い霧を透かして、誰かがダム湖の方からバス通りをこちらに向かって歩いてくるのが見えた。

グチャングチャン、グチャングチャン……と、不思議な音を立てながら近づいてくる。

あの音には聞き覚えがある。信昭さんの母はそう思って少し考え、閃いた。

——あれはゴム長靴の中に水が入ってしまったときの音！

正解であった。近づいてきた人物はたしかにゴム長靴を履いていた。茶色い作業服に水が染み込み、髪からもポタポタと水を滴《したた》らせている。

ブヨブヨに浮腫《むく》んだ灰色の顔。ピンポン玉のように飛び出した眼球。膨らんだ舌を口から突き出したその人は、近所の農家の主人に違いなかった。

一週間前にダム湖から遺体が上がったばかりで記憶に新しかった。借金苦から入水自殺をしたそうで、遺書も見つかっていた。もう茶毘《だび》に付したはずなのだが。

土左衛門《どざえもん》になって、グチャングチャン、グチャングチャンと歩いてくる。

信昭さんの母は、そのとき父親が手に持っていた新聞をバサリと落としたこと、母親が腰を抜かしたことを今でもはっきりと思い出せるという。

それは庭の生垣沿いをのろのろと歩いて、門のそばのバス停に立つと、スーッと消えた。

第三三話　行き先

山梨県に住んでいる配管工の松夫《まつお》さんは、ある日、竜王《りゅうおう》バイパスで渋滞に巻き込まれた。

時刻は夜の八時過ぎで、混むはずのない道である。

追い越し車線に入ってしばらくすると、煙を吐きながらノロノロ走る白い軽自動車が斜め前方に見えてきた。

——さてはあの車が渋滞の原因だな。

かなり古い型のスバル車で、坊主頭の男が運転しているようだ。ここからではよくわからないが、ことによると老人なのかもしれない。故障車を運転するなんて非常識だ。

安全に追い越して、通りすぎた。

ところがバイパスを下りると、前方に再び同じ車が現れた。

あいかわらずノロノロ運転で、白い煙を噴き出しつつ、交差点を右折する。

残念なことに、松夫さんもそこを右折しなければ帰れなかった。

車がほとんど通らない道を、白い軽自動車は徐行運転で塞《ふさ》いで平気でいる。

だんだん腹が立ってきた。

ところがヘッドライトをパッシングして同時にクラクションを鳴らしてみても、意に介さないようすで、脇にどこうとしない。

とうとう堪忍袋の緒が切れて、ハイビームにしてやった。

すると、運転席の坊主頭が、速いリズムのメトロノームのように、激しく左右に揺れはじめた。右、左、右、左……。首が折れそうな凄い勢いで頭を振っている。

これにはさすがに気味が悪くなったが、ここからしばらくは一本道で、そのまま後ろについていくしかなかった。

やがて墓地の横に差し掛かった。毎日のように通るから知っているのだが、大きな曹洞宗の寺院が持っている霊園だ。けっこうな面積があり、寺の敷地が途切れるところまでは車の通れる路地がない。

ところが白い軽自動車は墓地の方へ曲がっていった。

墓地の中を通る車道ができたのだろうか？　墓地に入ると軽自動車はライトを消してしまい、通過する際に見てみても、そちらは真っ暗闇でわけがわからなかった。

不思議だったので、翌朝は少し早めに出発して、墓地の横で車を停めて、路地を探した。

車道はなかった。代わりに雑草が生えた狭い小径があり、歩いていくと、苔むした無縁仏の一群に辿り着いた。

第三四話　おむすび山の防空壕

松夫さんは、父親が山梨県庁に勤めていたことから、大月市《おおつき》にある県庁職員用のアパートに物心ついた頃から住んでいた。

すぐ近くに桂川《かつらがわ》という川があり、対岸に県立都留《つる》高等学校があった。アパートの後ろには通称・おむすび山ことむすび山が控えていた。そびえるというほど高くない、文字通りおむすびのような三角形をした丘で、カタクリの群生地として知られている。

他にもさまざまな山菜が自生しており、時季になると近隣住人は鎌《かま》とビニール袋を携えておむすび山に向かったものだ――かれこれ今から四〇年以上も昔のことだが。

その頃はまだ、おむすび山に防空壕の跡が四つもあった。松夫さんも母に連れられて山菜採りに参加したことが何度かある。山にいて、にわか雨が降ってくると近所のおばさんたちと一緒に防空壕に駆け込んだものだという。

小学一年生の夏休みが始まって間もない頃、朝早くに山菜を摘みに行ったことがあった。同じアパートの主婦が数人、誘い合わせておむすび山に向かったのだが、学校が夏休みなので子ども連れも多かった。夏には野生の蕗《ふき》や紫蘇《しそ》が採れたが、半ばピクニックのようなものだから、みんな暢気なようすで、にぎやかにお喋《しゃべ》りしながら丘を登った。

しかし、さあこれから蓙を摘むぞ、という段になって一転、空が掻き曇り、雨がザーザーと降ってきた。そこで近くの防空壕に避難すると、穴の中にむしろが敷きつめられていた。その防空壕にむしろが敷かれているのを見たのは、みんな初めてだった。

降り方がますます激しくなってきたので、ぞろぞろと穴の奥へ移動した。

そのとき、耳慣れないサイレンが外から聞こえてきて、「空襲警報？」と年輩の主婦がつぶやいた。穴の出入り口を一斉に振り向くと、そこに防空頭巾を被った若い女が立っていて、「早く鳴りやまんかねぇ」とうんざりした口調で独り言ちたと思ったら、煙のように消えた。

全員、悲鳴をあげて雨の中に飛び出し、びしょぬれになりながらアパートに逃げ帰った。

翌日は快晴だった。

朝のラジオ体操の後で、松夫さんは仲間を引き連れて、昨日の防空壕を見にいった。

すると、むしろがまだ敷いてあって、その上に、ボロボロの手ぬぐいを柄に巻きつけたヤカンが転がっていたので、なんだか恐ろしくなって、仲間と一緒に山から駆け下りた。

——終戦の二日前に大月空襲で亡くなった旧都留高等女学校（現県立都留高等学校）の女生徒ら三四人に、哀悼の意を捧げます。（川奈）

第三五話　おせんべい

五〇年ぐらいも前のことだが、その頃、五つかそこいらだった松夫さんは、山梨県にある父方の祖父母の家で、ピンク色の割烹着を着た見知らぬおばさんに出逢った。

祖父母の家は大正時代に建てられた土壁の屋敷で、母屋の横に味噌蔵があった。

庭で遊んでいたところ、ピンクの割烹着を着けた知らない女が味噌蔵に入っていくので後をつけたが、見失ってしまった。

その日は母屋の改修工事をしていて、工務店の人たちが大勢出入りしており、近所の女の人たちも手伝いに来て庭で炊き出しをしていたから、家の敷地で他人を見かけること自体はなんとも思わなかった。

しかし、それから半刻もして、味噌蔵に行った祖母から叱られたのは納得がいかなかった。

「どうしてミヨコの産着《うぶぎ》や抱っこ紐をぐちゃぐちゃにしたの！」

ミヨコとは一歳で夭逝《ようせい》してしまった叔母のことで、遺品を入れた葛籠《つづら》が味噌蔵にしまってあったのだが、葛籠が開けられて、中身が散乱していたというのだ。

やっていないと言っても聞き入れてもらえず悔しく思っていたら、またピンクのおばさんに会った。そこで、「おばちゃんは、どっから来たんだ？」と訊ねた。

その人は「北の方から来た」と裏山を指差してニコニコ笑った。

それからしばらくすると、おやつの時間になった。工務店の人たちや近所の人たちにも淹れたてのお茶とおせんべいがふるまわれた。

甲州銘菓のおせんべいは、小麦粉で作られた堅焼きの甘味せんべいだ。ピンクのおばさんも、嬉しそうにおせんべいとお茶を貰って井戸のそばにしゃがみこんだ。

彼女がとても美味しそうにおせんべいをポリポリ食べたり、お茶を啜ったりしているところを、祖父母と一緒に松夫さんも見た。

「あれは誰だい？」と祖父が祖母に訪ねた。祖母が首を傾《かし》げるばかりなので、代わって松夫さんが「さっき味噌蔵に入った人だよ」と答えた。「僕はやってないよ！」

三人で顔を見合わせて、あらためて井戸の方を見やると、湯呑とおせんべいが井戸の蓋の上に置かれていて、あの人がいない。

祖母と見にいくと、飲んでいたはずのお茶は少しも減っておらず、さんざん齧《かじ》っていたはずのおせんべいには歯形すらついていなかった。

すると、急に祖母が泣きだした。

「あれは死んだミヨコだ！　思えば、あの割烹着はミヨコの産着と色が同じだった」

第三六話　悲鳴

中越地震の前年だったと記憶しているそうだから、二〇〇三年のことだろう。自衛隊の需品科三曹だった充朗《みつお》さんは、一一月のその日、習志野《ならしの》演習場で給水班の組長に就いていた。

翌年の中越地震で被災地に派遣された折には、このときの訓練で浄水車を扱ったことが役立った――といった自衛隊よもやま話はさておき、充朗さんたちは演習にあたって、戦地における二夜三日の連続状況を想定し、小隊ごとに習志野の森に散開した。彼らは全員若く、最年長の充朗さんですら二九歳だった。

率いる班は彼を入れて四人。協力し合って周囲を監視し、警戒にあたる。ゲリラ役の隊員が森に隠れており、いつ襲ってくるかわからないから、それなりに真剣だ。

充朗さんたちが天幕を張った場所は通称・マムシ池のほとりだった。昔この辺はマムシだらけだったそうだが、レンジャー訓練中の飢えた隊員に獲りつくされて減ってしまった。

夜間に移動するのが疑似戦地での基本動作だ。日没後、水を求めて別の部隊の者たちがマムシ池に続々と集まってきた。浄水して水質調査を済ませた池の水をせっせと支給しているうちに夜が更けて、最後の給水を終えたときには午後一一時を回っていた。

そこへ警戒警報が入った。付近にゲリラが出没したというのだ。

充朗さんは自分の給水班の隊員Aを連れて、天幕から一五メートル離れた塹壕《ざんごう》に急行した。ここは監視点で、給水作業中から隊員Bが電話機を抱えて待機していた。

Bは「異常ありません」と充朗さんに報告した。

しかしそのとき闇を切り裂き、天幕の方から怪鳥のような高い悲鳴が聞こえてきた。

天幕に残してきた隊員Cがゲリラ役の隊員にやられたに相違ないと思った。

「Bはここで監視続行！　A、行くぞ！　……おーい、C、大丈夫かぁ⁉」

――と、息せき切って急行したのだが、「なんですか？」とCが暢気な顔で天幕から出てきたから驚いた。なぜかCにはさっきの悲鳴が聞こえなかったのだ。

充朗さんとAは顔を見合わせた。Aは「おかしいですね。あんな叫び声なら森中に響いていますよ」と目を丸くした。Cは怖そうに「やめてくださいよ」と言った。

しかし、このCが曲者だった。彼は、素人娘を「きみだけだよ」と騙して肉体関係を持っては冷酷に捨てるということを繰り返し、それを独身寮で自慢げに吹聴していたのである。

この演習直後の深夜、隣のベッドで寝ているCが大きな呻《うめ》き声をあげたので、目を覚ますと、Cの枕もとに堅い仕事に就いていそうな若い女が立っていた。

この人が例の悲鳴の主だと充朗さんは直感した。Cは体調不良で間もなく退職した。

第三七話　快復

残念ながら、妻の妊娠中に浮気をする不届きな夫が珍しくない。現在三九歳の芳澄《よしずみ》さんも、妻が第一子の出産を控えていた時期に職場の先輩と不倫関係に陥った。

彼はそのとき二三歳で、妻とは学生結婚だった。新卒で入った会社で彼の指導にあたった女性社員に見初められ、誘惑に負けてしまったのである。

やがて子どもが生まれた。しかし彼はそれからも妻を欺《あざむ》いて、先輩との関係を続けた。何度も別れようとしたのだが、その度に「私を捨てたら奥さんを殺してやる」と泣き喚《わめ》かれたり「今から家に乗り込むから！」と凄まれたりし、毎回、脅しに屈していたのだ。

そこで彼は思い切って他県の企業に転職した。それが二七歳の一〇月のことで、子どもは四歳になっていた。先輩に電話で最後の別れを告げるときは、どのように脅されるかと警戒したが、「二度と連絡するな！　絶対許さない！」と怒鳴られただけで、ホッとした。

引っ越しの片付けが済むと、妻子を連れて京都を観光した。ところが、この旅行の最中から妻の体調が思わしくなくなった。病院で診てもらったところ、悪性のリンパ腫を患っており、もって余命三年、おそらくは一年前後で……と医師に告げられた。

絶望して病院から帰宅すると、法華経を信仰し、若くして出家して日蓮宗に帰依している母方の叔父からこんなEメールが届いていた。

《芳澄くんは、どなたかに恨まれていませんか。今朝おつとめをしているときに、巫女さんが現れて『甥御《おいご》さんの不徳のせいで、彼のお連れ合いの命が危ない』と教えてくださったのですが、お心あたりはありませんか》

急いで返信して、ありのままを書き送ると、叔父が電話をかけてきて「最近、京都に行ったでしょう?」と言い当てた。続けて「京都で印象に残った神社やお寺はないか?」と質問してきたので、「梅宮大社」と答えたところ、「梅宮大社のご祭神の木花咲耶姫《このはなさくやひめ》が奥さんの守護神です。奥さんは親戚の神社で働いたことがあって、そこの御祭神は、木花咲耶姫の夫の瓊瓊杵尊《ににぎのみこと》では?」と叔父が述べた。

たしかに、彼の妻は学生時代に三年間、親戚の神社で巫女のアルバイトをしていた。その神社の主な御祭神は瓊瓊杵尊で、すべて叔父の言うとおりだ。

だから「守護神と守護霊に感謝を忘れず、毎朝、お仏壇と神棚に手を合わせて祈りなさい」と忠告されると真剣に実行したのであった。

あれから一六年。芳澄さんは毎朝の祈りを欠かさず、浮気もしていない。一方、彼の妻は病院で抗がん剤治療を受けた。すると奇跡的に快復し、ずっと元気にしているという。

第三八話　足音の所以《ゆえん》

その晩、啓《はじめ》さんは初めて火気点検の任務に就いた。

総合ビル管理株式会社に就職し、池袋にある超高層ビルの防災センターに配属されたばかりだった。社員採用であり、高卒で一年就職浪人した割には恵まれており、好運に感謝していたが、深夜の見回りをさせられるとは思っていなかった。

「じゃあ、ここで二手に分かれますから。僕はあっち、きみはこっちへフロアを半周回って、このトイレの前で合流。見落としのないように、しっかりやってください」

火気点検は二人一組で当たるものだが、今回は初めてだから上司に指導してもらいつつ巡回するのだ。入社してみたら役員の大半が警視庁のOBで、元警察官の社員も多い。この上司も容貌がいかつく、体つきも如何にも強そうだった。

ハイと返事をしたものの気分はへっぴり腰。常夜灯が点いていても、深夜零時を過ぎた建物の中は不気味に感じた。……でも、半周回れば合流できる。ほんの少しの辛抱だ。

しかし何しろ六〇階建てのビルだから、これを延々と繰り返さねばならないわけだ。

二八階を歩いているときだった。啓さんは後ろからヒューーッと風に吹かれて振り向いた。

窓などない。廊下があるばかりだ。首を傾げて再び歩きだす——と、今度は背後で足音がした。立ち止まると静まるが、再び歩きはじめたら、足音もついてきた。

啓さんの靴はゴム底だが、後ろの誰かが履いているのは、靴底が硬い、革靴のようだった。

この二八階のテナントは一流企業のオフィスばかりだ。そのせいか、上等なスーツを着こなしたビジネスマンの姿がなんとなく頭に浮かんだ。

ここでは緊急避難用の扉が各階の東西南北の四ヶ所に設けられている。東の防火扉の前まで来たら、足音が急に消えた。

トイレの前で上司と合流して、この件を報告したところ、思いがけず大事になった。護国寺から偉いお坊さんを招いて供養してもらうというのである。

たかが怪しい足音でそこまでするのかと恐縮していたら、上司が理由を教えてくれた。

啓さんが入社する三年前に、ここで飛び降り自殺があったのだ。深夜、オフィス棟二八階の東側の避難用扉を開けて、テナント企業の男性社員が身を投げた。真下には公園があったが、男性はビル風に流されて四階に張り出した建物の外壁に立っていたフラッグポールに当たり、まずは頭が千切れた。次いで植え込みを囲む鉄の柵に衝突して上半身と下半身が真っ二つに……。そして早朝、近所の犬が頭をくわえてきて発見されたとか……。

上司は「もう少し上手に死にたかったのかな。何度か供養しているんだが」と言った。

第三九話　失禁

啓さんに「幽霊を視るとオシッコを漏《も》らすものでしょうか？」と質問されて、そんな話は聞いたことがないけれど、恐怖のあまり失禁するというのはあり得ると私は答えた。

すると彼はこんな話をしてくれた。

超高層ビルの一階にある防災センターに勤めていたとき、深夜一時過ぎに中年男性が駆け込んできた。ただならぬようすだ。顔は涙と洟水《はなみず》でグシャグシャで、眼鏡がズレ落ち、シャツは汗まみれ、挙句の果てには、スラックスの股間に大きな濡れた染みがある。

着ているブレザーのラペルにS不動産のバッジが着いており、よくよく見れば、S不動産の社長秘書だった。

日頃は如何にも切れ者といった風情の人だ。そんな秘書課のトップが失禁するほど取り乱すとは一大事。四七階と四八階の二フロアを独占する関東有数の不動産大手に、いったい何が!?　――と、防災センター全体に緊張が走った。

ところが警察に通報しようとすると、当の社長秘書に止められた。

「ま、待ってください、警察は。あ、あのですね、さっき、カ、カ、カップ麺を……」

――カップ麺？

変なことを言いだしたぞ、と思いつつ、啓さんは四七階と四八階の防犯カメラの映像をモニターに映した。

「S不動産の秘書課は四八階ですね？」

「え、ええ。い、一階のコンビニでカップ麺をまとめ買いして、いったん四八階に戻ったんですが、下の階でも二人残業していたのを思い出したんです。それでお裾分けしてあげようと、たった一階下りるのにエレベーターを使うのもなんですから、非常階段へ……」

「あ！　四七階と四八階の間の踊り場に何か落ちてますね！」

モニターを見ながら啓さんが指摘したところ、社長秘書はコクコクとうなずいた。

「コンビニの袋と、転がり落ちたカップ麺です。そこにスーツを着た男がいました」

――彼が言うには、その男はS不動産の従業員ではなく、見たことがない顔だった。

そこで「どちらの方ですか」と丁寧に声を掛けた。

すると男はニヤッと実に厭な感じに笑い、そのまま足の先からスーッと透明になっていった。唖然とする彼の目の前で、下半身が消え、両腕と胴体が消え……終いには首だけ宙に浮いて、ニタニタと笑いながら、それも最後は掻き消えた――。

「本当なんですよ！　信じてください！」

必死の形相で迫られてタジタジとなり、「信じますよ」と啓さんは応えた。

「そうですか。……ありがとうございます」

「いえ。よっぽどのことがないと……と思いまして」

そう啓さんは言外に失禁について匂わせて、取り急ぎ、防災センターにあった毛布とタオルを差し出した。

「予備の服はお持ちですか？　帰られるにしても、鞄も置いてきてしまわれたようですから、四八階までお送りしますよ」

エレベーターで二人きりになると、社長秘書は唐突にポツリと呟いた。

「私は信じませんでした」

見れば自虐的な微笑を浮かべている。

「少し前に、うちの課の女子社員が残業中に、窓の外をゆっくりと飛んでいく男を視て、失禁する騒ぎがありました。驚いて尻もちをつき、ジャーッと漏らしてしまったんですよ。四八階の外に人がいるわけがない。私は彼女を信じず、散々バカにしました」

モニターで防犯カメラの録画を見ても、問題の踊り場には彼しか映っていなかった。

恐怖に歪《ゆが》んだ顔で何もない空間を視つめ、尻もちをついて失禁していた。

閑話休題◆巣鴨プリズン跡地

すでにお察しの読者さんもいらっしゃると思うが、啓さんが働いていた超高層ビルは、巣鴨プリズンこと巣鴨拘置所跡地に隣接しているあの建物である。

第二次大戦後、ＧＨＱに接収された後、ここでは、ＢＣ級戦犯五二名とＡ級戦犯七名が処刑された。また、戦時中はスパイや政治犯などの処刑も行われていた。

二〇一八年には、処刑場の入り口にあった「１３号扉」が法務省の施設で保管されていることが明らかになり、少し話題になった。大きな鉄の扉で、処刑される者はここから入ったが最後、生きて出ることはなく、遺体搬出用の別の扉から運び出された。

処刑場があった場所は区立公園になり、絞首台の露と消えた人々のための慰霊碑が園内に置かれているが――軍服を着た男が歩きまわるなどと実《まこと》しやかに囁かれている。

さらに、それがために横の高層ビルで投身自殺が相次いだのだと言われるに至っては、慰霊碑に刻まれた「永久平和を祈って」との碑文を虚しく感じてしまう。

こういう場所では、ただひたすら死者の安寧を祈念したいと私は思うのだが……。

第四〇話　申し送り

啓さんが池袋の超高層ビルの防災センターに勤務していたのは八〇年代。彼が就職したとき、件のビルはオープンからまだ一〇年経っていなかった。オフィス棟の規模も大きかったが、一般的には大型ショッピングモールや水族館の方が世間でよく知られていた。

アパレルブランドのショップなどファッショナブルな店が入った一角に、地下一階から地上三階まで、高さにして四五メートルの吹き抜けを備えた噴水広場があり、よく催し物に使われていた。

そこでリサイタルを行った女性アイドル歌手が、一九八七年に新宿区で投身自殺を遂げた。すると、回廊状になった三階のバルコニーから噴水広場に飛び降りる者が続出した。

ビル内のトイレや物陰に隠れて閉店の時刻をやり過ごし、夜間、警備の目を盗んで飛び降りるのである。防災センターの監視カメラは自殺志願者が吹き抜けの空間を落下する瞬間を捉えていた。自殺を阻止しようと啓さんたちは躍起になったが、イタチごっこでどうにもならない。

同僚たちが次第に疲弊する中、次第に啓さんたちはあることに気づいた。

監視カメラの映像に、人の動きをする黒い影が頻繁に映り込みはじめたのだ。

夜間だけでなく、日中の営業時間中も、である。噴水広場の辺りが最も多いが、他の場所にも同様の黒い影が見られた。人間の形をした黒いガスの塊《かたまり》のようなものが人混みの中を徘徊したり、片隅に佇んでいたり、噴水広場のバルコニーから身を投げたり……。

あるとき、啓さんが防災センターでモニタリングに当たっていると、防災センターと契約している警備保障会社のスタッフの背後に黒い影が迫ってくるようすが画面に映った。

当時、警備スタッフはパナコールという通信機器を携帯していた。

啓さんがパナコールで「後ろに奇妙なモノがいる」と報せたところ、その人はキョロキョロと辺りを見回して「何もいません」と返してきたが、そう言っている間にも黒い影が背中に覆い被さって彼の体に溶け込んでいくではないか……。

今ではデータでクラウド管理しているのだろうが、その頃は手書きで記録をつけていた。防災センターは二四時間開いているので、次の当番に申し送りをする必要があった。

申し送り用のノートに、啓さんは黒い影の件を書き留めた。

《〇時〇分　正体不明の黒い影が警備のAさんの体に入る。Aさんは無事なもよう》

実はこのノートには、こんな不気味な報告が何件も記されていた。戦犯を処刑した巣鴨プリズン跡地の隣にビルを建てたから、などという噂もあるが、さて……。

第四一話　うりふたつ

遺伝子の多様性には限りがあるため、自分そっくりな容姿の人間が地球上に三人はいるという俗説がある。私も、私の分身の如きそっくりさんを私自身のみならず周囲の人間も目撃したことがある（すかさず実話怪談として書いた。既刊の拙著を確認されたし）。

一九九七年の八月、匡《まさし》さんは妻と連れ立って長野県の諏訪湖《すわこ》を訪れた。

二人は共に西陣織の織元で働いており、住まいは京都にあった。

その日は諏訪湖の花火大会が催される予定で、夕方、諏訪市の友人夫妻と湖畔のショッピングセンターで待ち合わせをしていた。

約束の時間より一時間ほど早く到着したので余裕があった。まずはトイレに行っておこうと思い、匡さんは男子トイレに入った。

小便器に向かって用を足しはじめる。すると、隣の小便器の前に、年の頃は三歳ばかりの男の子がやってきて、ヨイショヨイショとズボンを下げながら話しかけてきた。

「僕、ひとりでオシッコできるようになったよ！」

見れば、満面の笑みである。

——かわいすぎる！　なんて無邪気なんだろう。そのうち僕たち夫婦の間にも、こんな子どもができちゃうんだろうか。うわぁ！

「マジか？　えらいぞ！　よくできるようになったな！」

調子を合わせてあげて、ほめそやした。子どもは大喜びで、得意気に小便をしてみせた。

二人で並んで手を洗い、トイレから出ると、妻が「こっちこっち」と手を振った。

そちらへ行こうとしたところ、子どもが慌てて脚にしがみついてきた。

「パパ、どこ行くの？　行かないで！」

そこへ見知らぬ女性が飛んできて「すみませ……」と謝りかけて、匡さんを見るや呆気に取られて絶句した。

「？　お母さんですか？　可愛いお子さんですね」

「……やだ、声までそっくり！　パパと瓜二つなんです。まさか声まで同じだなんて！」

事情を聞いてみると、彼女の夫は遠方に単身赴任していて半年も帰っていないため、子どもはパパに会ったらあれを伝えたいこれも伝えたいと心待ちにしてきたのだという。

そして彼は背格好から顔立ち、声までも夫そのものだから、幼児が間違えるのは無理もない、と。

匡さんは、別れ際に「パパァ！」と子どもに泣き叫ばれて罪悪感に苛《さいな》まれたとのこと。

第四二話　善光寺が鬼門

長野県の信州善光寺《ぜんこうじ》といえば、約一四〇〇年前の創建から阿弥陀如来を本尊とし、浄土信仰のメッカとして日本全国に点在する善光寺の源となった名刹中の名刹だ。神秘的な床下回廊《お戒壇めぐり》でも知られる。

真苗《さなえ》さんの母方の祖先がいた神奈川県鎌倉市にも、今は葉山《はやま》市に移転しているが、かつては新善光寺があった。また、その後の一族の足跡を追って鎌倉から山梨県へ行けば、武田信玄が建てた甲斐善光寺があって、戦国時代以来の歴史を証している。

源頼朝も熱心な善光寺信者だった。真苗さんの母方は源氏系だと伝えられており、始祖の地が頼朝と縁の深い鎌倉とのこと。或いは元は鎌倉にあった新善光寺と繋がりが……。などといった歴史ロマン的な大風呂敷は、いつか別の場所で広げるとしよう。

さて、真苗さんの母方の家には、遥かな昔から奇妙なことが言い伝えられてきた。

「信州善光寺に行くと死ぬ」

実に簡潔だ。身も蓋もない。善光寺関係者には何卒ご海容のほどを願う。鎌倉時代から延々と言い伝えられてきて、しかも実験と実証を重ねてきたのだから仕方がないのだ。

直近では、真苗さんの祖母の兄夫婦が、この呪いのために命を落とした。

まず、祖母の兄が若くして急病死した折に、死の直前まで持ち歩いていた鞄から、真新しい信州善光寺のお守りが出てきて、家族一同「やっぱり」となった。そこであらためて一族全員で「決して信州善光寺には行かない」と申し合わせをしたのだが、急病死した当の故人の妻が山梨の観光バスツアーに参加してしまった。

そして「私は嫁で、血筋じゃないから、この程度なら……」と、信州善光寺の山門を外から眺めたところ、帰宅直後に悪性腫瘍が見つかり、帰らぬ人に。

真苗さんの祖母によれば、兄と嫁の死より先に、少なくとも二人が信州善光寺に行った途端に亡くなっているそうだ。

さらに一昨年には、母が「テレビを点けっぱなしにして寝てしまって、なんともいえず気分が悪くなって目が覚めたら、朝のテレビ番組で信州善光寺の特集を放送していたのよ」と話していたという。これは相当に強い呪いだと信じざるを得ない。

――ここからはオマケ。真苗さんは、中学三年生のある冬の明け方に、「鏡の中に三歳ぐらいの可愛い子どもが映り込んだので、頭を撫でていたら、いきなりその手を血が出るほど噛まれた」という怖い夢を見た。起きて母にこのことを話したところ、それは流産したおまえの兄に違いないと言われ、水子供養のお伴をさせられたということだ。

第四三話　事故物件の真下

私が三年ほど前から何度かインタビューしてきた全盲のＩＴ技術者・澄夫《すみお》さんから、また新しいお話をお寄せいただいた。

一年前の八月、彼は友人からインターネットの接続設定を依頼された。離婚に伴い転居して大阪市内に新しくマンションを借りたとか……。人生いろいろやな、と思いつつ件の新居に赴いて作業した。

スムーズに設定が終わり、友人が淹れたコーヒーで一服していると、地響きがするほどの重い衝撃音が天井から降ってきた。箪笥《たんす》か本棚を倒したかのような音で、続いて悲鳴が。

「やめてよ！　やめて！　……ギャアァーッ！　ウギャアァーッ！」

女性の声だった。不穏な絶叫を二回発して静まり返った。と、思ったら間もなく、ズル、ズル、ズルズルズル……と、濡れた蒲団を引き擦るような音が聞こえてきた。

暴力的な場面を思い浮かべた澄夫さんは、「警察に通報せぇ」と友人に勧めた。

しかし友人は「痴話喧嘩かもしれへん。まずは管理人さんに電話しよか」と言って、すぐにスマホで電話を掛けはじめた。

スピーカーをオンにしてくれたので、澄夫さんにも会話が聞こえる。

「もしもし。こないだ三階に越してきた〇〇です。あの、今さっきのことなんやけど、うちん部屋の真上から、女の人が乱暴されてるような凄い悲鳴や物音が聞こえてきて……」

言い終えないうちに管理人が遮って曰く「ああ、四階のあの部屋やね」。

「どういう意味です？」

「意味っちゅうか……誰も住んでいませんから心配いりません。気にせんとってください」

「ハア？　せやけど断末魔みたいな叫び声や家具を倒すような音を現に聞きましたよ？」

「ああ、そないなことが……。そこ、わけあって人が亡くなった部屋なんで……ねえ？」

「ねえって言われても困ります。まさか、殺人事件があったとか？」

「私の口からはよう言えません。とにかく上は空き部屋ですから、ご安心ください」

通話を終えると、友人は「信じられへん」と言って、上の部屋を見に行った。すぐに戻ってきたので「どうやった？」と訊いたところ、都市ガスが閉栓されていることを示す青い札や電力会社の冊子があり、インターホンが通電していなかったと彼に報告した。

「つまり空き家や。こんなん恐すぎる！　もう一回こないなことがあったらどないしよ」

それから一ヶ月後、この友人から澄夫さんに転居を知らせるメールが届いた。

第四四話　眼

大阪の澄夫さんは現在五〇代で、盲目になって久しいが、若い頃は視力があり、プログラマーやシステムエンジニアとして会社勤めをしていた。いつだったか彼は、ＩＴ関連の知識や技術と彩り豊かな世界の記憶を見えるうちに持てたのは幸いなことだったと話されていた。

結果的に立ち直って経済的にも自立できたとはいえ、人生の途上で目が見えなくなってからの彼の苦難は筆舌に尽くしがたく、こんな所で軽々に書くことは控えたい。

しかしながら、そういう人だからこそ語れる話があると思うのだ。

今から一年ほど前になるが、驟雨《しゅうう》の午前一〇時に、澄夫さんの友人が奇妙な体験をした。

彼はそのとき、大阪の堺市は御堂筋《みどうすじ》線の新金岡《しんかなおか》駅のそばで、車を走らせていた。

雨が降りしきる中、交差点に近づくと、ちょうど信号が赤に変わった。減速しながら、右の路肩に変な女が佇んでいることに気がついた。赤い半袖のＴシャツにブルーデニムのズボンというなんの変哲もない服装で、ショートヘアの髪型にも突飛なところはない。

ただ、この土砂降りの下で、傘を差していないのである。

歩行者用の信号は青。だが彼女は歩きだそうとしない。深くうつむき、じっとしている。やがて停止線で車を停めた。傘がない女が運転席の真横に見えるようになり……彼は背筋を凍りつかせた。

女はなぜか雨に濡れていなかった。髪も服もほっそりした両腕も、乾いている。恐ろしかったが、逃げるに逃げられずにいると、彼女が顔を上げてこちらを向いた。両の眼が真っ白で瞳がなかった。しかし睫毛《まつげ》に囲まれた白い双眸《そうぼう》から視線を感じた。

――信号が変わるまで生きた心地がしなかった、とのこと。

これを聞いて澄夫さんは驚いた。およそ二五年前、まだ二〇代で目が見えていた頃まったく同じことを経験していたのだ。場所も同じ、新金岡駅付近の交差点だった。ただしそのときは真冬だったので、Tシャツにジーパンという格好を訝《いぶか》しく感じた。後でバックミラーを見たら映っておらず、此の世の者ではないと直感したという。

そして、その五年ほど前にそこで交通事故を目撃したことと結びつけて、事故死者の地縛霊ではないかと思ったそうだ。もっとも、彼が見た事故の犠牲者は、おばあさんだった。目の前で車に撥《は》ねられて、駆けつけたときには意識がなく、助からなかったようだ。

今は光を失ってしまったが「死亡事故が多い場所は暗く感じます」と彼は言う。

第四五話　いる風俗店

二年前まで美酉《みどり》さんが働いていた個室風俗店では、妙な足音を耳にする者が多かった。

働いている女たちだけではなく、客にも聞こえることがあった。姿は視えないが、どうやら裸足《はだし》のようで、足の裏がリノリウムの床に粘りついてペタペタというので気味が悪い。

あるとき古株のキャストが、かつてここで起きた二つの事件について教えてくれた。

一階の浴室で女が手首を切って自殺。屋上の貯水槽に男の遺体が浮いていたこともある。

その結果、男女二人の幽霊が棲みついているというのである。

――厭なことを聞いた、こんな店は早々に辞めてやると思いつつ客待ちしていると眠くなった。ソファでうつらうつら船を漕いでいたところ、呼ばれた気がして目を開けた。

知らない男が間近から顔を覗き込んでいた。クッションを投げつけたら、消えたという。

第四六話　特徴

澄夫さんは七歳の頃、三重県の温泉郷に旅行した。父の会社の慰安旅行に同伴させてもらったのである。風光明媚な海辺の温泉町で、湾を一望する展望台には観光客が集っていた。

展望台の駐車場に到着したとき、ひときわ人だかりがしている一角があった。

「ちょっと待っていなさい」と澄夫さんに言い置いて、父がそちらへようすを見に行った。戻ってくると「あっちに行こうか」と、澄夫さんたちを人だかりから離れた方へ導いた。これだけなら些細な出来事で、このときは別に気にも留めなかった。

ところがその日から毎晩、悪夢にうなされるようになった。

灰色のズボンと白いワイシャツを身に着けた痩せた男の人が、展望台から真っ逆さまに飛び降りるのだ。肩ぐらいまである長髪をなびかせて、絶叫しながら墜落していく――。

父にその話をしたところ、例の展望台で投身自殺があったのだと聞かされた。駐車場に着いたときには引き揚げられた直後で、遺体が担架に乗せられるところを父は見ていた。

「なぜわかったんだ？　髪型も体形も服装も、たしかに、そういう人だった」

父は不思議そうにしていた。澄夫さんは、それ以降、この夢を見なくなった。

第四七話　理不尽な仕打ち

三〇代のとき、澄夫さんは視覚障碍者になった。完全に見えなくなったのはもう少し先のことだったが、目が悪くなったとわかった途端に恋人に逃げられた。

三年も交際していたのに、彼女は、支えになってくれるどころか一方的に別れを告げて去っていったのである。

失意のどん底に突き落とされたが、間もなく風のたよりに彼女が癌《がん》を患ったという知らせが届いた。さらに、それからしばらくして訃報の葉書を受け取った。

澄夫さんは葬儀はもちろんのこと、墓参りに行くつもりもなかった。

そのせいだろうか……。夢に彼女が現れた。

しかしその顔が、まるでホラー映画で見たゾンビのようなのだった。腐敗が進んだ屍《しかばね》の姿で、澄夫さんの方へにじり寄ってくる。走って逃げだしたところで、いつも目が覚めた。

――悼《いた》んでやらなかったから恨んでいるのだろうか。それ相応の仕打ちをしておいて、まったく自分勝手な女だな。

だが、歩く腐乱死体になった彼女に追いかけられる夢は、もう御免だと思った。

そこで数珠を買うことにした。安物では効き目がないかもしれないと考え、京都の老舗《しにせ》念珠専門店で霊験あらたかな高級品を贖《あがな》おうと考えた。

高校の部活で一年上の先輩だった人が、長じてから親友になり、なんでも気兼ねなく頼める間柄になっていた。家も大阪市内で、ごく近所だ。

京都の数珠店に車で送迎してほしいとお願いすると、快く引き受けてくれた。

彼の車はツーシーターのスポーツカーだった。杖を畳んで助手席に乗り込んだ。

家を出発してから一〇分ぐらい経ったときだ。

いきなり助手席の窓がパーンと鋭い破裂音を立てた。顔のすぐ横である。澄夫さんは悲鳴を上げて運転席の方へ避けた。窓ガラスが砕けたかと思った。

友人もその音を聞いた。車を停めて、「なんや？」と驚いている。「ガラスは？」と訊ねると割れていないという答え。友人は異常がないか確かめると言って車から降りた。

すぐに戻ってきて「車はなんともないが、ここはどこや？」と言い、番地付きの住所を口にした。澄夫さんは、それを聞いて鳥肌が立った。念のため「その住所は何？」と訊くと、

「ここの○○いう家の表札に書いてある。こんな場所、通らん予定や。道を間違うた」

と、何も知らない友は答えた。

――そこは例の彼女の家だった。知らぬ間に引き寄せられていたのである。

第四八話　誘い神（前）

人魚伝説は日本各地にあるが、徳島県のそれは明治一八年に捕獲された旨が新聞で報じられるなど、民話の域に収まらない具体性を帯びている。江戸時代の図録『阿波国産物絵形帖』には鳴門《なると》の特産物として人魚が記載されているそうだ。

ところで江戸時代以前の日本の人魚は、多くは凶事の前触れと言われていた。海難事故の恐ろしさや、海原を越えてくる未知なるものへの惧《おそ》れの象徴だったのかもしれない。

今回、徳島県の漁師町で生まれ育った宮生《みやお》さんのお話を伺って、私が人魚を連想したのは、時に人の命を奪う海への恐怖が今も新たな伝説を生んでいることを確信したためだ。

一九八五年、当時二五歳の宮生さんは、バイクとアマチュア無線を趣味としていた。ある日、富岡《とみおか》港に車が転落し、引き揚げ作業が難航しているという情報を無線でキャッチした。そこで高校時代の同級生で無線仲間のAと誘い合わせて、現場に駆けつけてみた。港に着くと他にも野次馬が集まっていた。船着き場には数名のダイバーの姿も見られた。

「車から人だけ出そうとしたけんど無理でした」とダイバーが話しているのが聞こえた。

やがてクレーンで海の中から車体が引き揚げられてくると、横倒しのままチェーンが掛けられていた。「海底で逆さまになっとったらしい」と近くにいた警察官が言った。

車体には青いビニールシートが無雑作に巻かれていた。ダイバーがチェーンを掛ける際に目隠しとして巻いたのだ。中には遺体があるに違いなかった。

車体は、水平になるように向きを調整されながら、ゆっくりと地面に下ろされた。

着地したとき、宮生さんとAが立っていた方に車のフロントが向いたのは偶然だ。

チェーンのフックが外された拍子に車を覆っていたビニールシートが剥《は》がれてしまったのも、予想外のことだった。

彼らは思いがけず、フロントガラス越しに遺体と対面するはめになったのだ。

助手席には、ムンクの「叫び」を思わせる驚愕の表情を顔に貼りつけた痩せた男が。

運転席には、穏やかに眠っているかのような事務職風の中年の女が。

いずれもシートベルトで座席に留めつけられたまま亡くなっていた。

「うちが知る限りでも、これで六、七回目や。誘い神に連れていかれたんじゃろう」

「いったん船着場を離れたのに、猛スピードでUターンしてきて飛び込んだんやと」

地元の漁師たちが声を低めて会話していた。

翌日、地元紙にこの件が載ったが、誘い神や転落前のUターンについてはどこにも書かれておらず、ただの転落事故とされていた。

第四九話　誘い神（後）

地元紙の記事によれば、富岡港で車ごと海に転落したのは県内在住の夫婦だった。

宮生さんは無線仲間Ａと一緒に、引き揚げ作業だけでなく夫婦の遺体まで見てしまい、おまけに地元の漁師たちの会話から、海に人を引き摺り込む誘い神の存在を知って、何か恐ろしくなり、それからしばらく海に近づかなかった。

三日ほどして、Ａから変な相談を受けた。

「夜遅うなるとな、水がゴボゴボいう音がどこからともなく聞こえてきて、気になるけん耳を澄ます……するとな、ゴボゴボいう奥ぅの方からの女の声がしてくるんや」

Ａから真剣な面持ちでそう訴えられたが、「夢とちゃうん？」と宮生さんは笑った。

「夢なんじゃろうか……そうかもしれんが……」と、そのときはＡも記憶が曖昧だった。

しかし、また数日すると、こんなことを言いだした。

「女の人が背中を向けて立っとるのが視えてきた。後ろを向いたまま近づいてきて、恐ろしゅうなって目が覚める。あれが、すぐそばまで来たら怖いことが起こるんやないか？」

Ａらしくもない、と宮生さんは困惑していた。Ａは昔から元気が取り柄でノリが良い、脳天気で明るいヤツだった。バイクとロック音楽が好きで、気が合った。

――だが、富岡港に行ってから三ヶ月後、Aは首を吊って自殺した。遺書はなかった。

それから間もなく、死んだAをはじめ地元の若者がよく行っていた美容室の女性経営者が自殺した。彼女は三〇歳前後の妙齢で独身。小粋な美人とあって、中には片想いして足しげく通う仲間もいた。そいつによれば彼女には自殺する理由などなかった。

おまけに彼女の美容室は件の港に臨む高台にあり、窓から正面に見える堤防では、よく釣り人が海に転落し、時には亡くなってしまうこともあったので――。

「誘い神にやられたんや」という噂がたちまち流れた。

そんなことがあってから一年ほど後、中学のときの先輩が彼女を助手席に乗せて、夜、車で船着き場に行ったところ、奇怪な事件に巻き込まれた。

先輩が彼女とイチャイチャするために船着き場に車を停めると、エンジンを切って間もなく、後方の闇の中からエンジン音が聞こえてきた。

そこでバックミラーで確認したところ、一台の車が飛びだしてきて、猛然とこちらへ迫ってくるではないか……。

慌ててエンジンをかけて横に避けたが、尚もぶつかってこようとする。

衝突する気なのだ。

それだけでもとても怖い。しかしさらに恐ろしいことに、その車の運転席には人影がなかった。誰もハンドルを握っておらず、ただ、助手席にはムンクの「叫び」のような——そう、かつてこの港から引き揚げられた車の助手席にいた男と同じ——凄い形相の男が座っていたのである。

彼女は悲鳴を上げて恐慌状態に陥った。先輩も歯の根が合わないほど震えていたが、謎の車に小突き回され、逃げ惑ううちに、陸側へフロントが向いたので、ハッと我に返った。謎の車が進行方向にいない。逃げるなら今だ。思い切りアクセルを踏んで、船着き場から脱出しようとした。

しかし途端になぜかバックしはじめた。幸い、繋留用の杭に後ろのバンパーがガツンと当たって止まった。だが、あくまでも海に落ちようとするかのように、タイヤがギュルギュルと空回りし、エンジンを切っても、尚もその回転が止まらなかった。

そこで先輩は車を捨てて逃げる決心をした。襲ってきた謎の車はいつの間にか消えており、彼女を連れて無事に帰ることができた。

翌日、彼は起きてすぐに船着き場を訪ねた。

彼の車はバンパーに深々と杭を喰い込ませた無惨な姿で陽射しに晒《さら》されていた。昨夜のことが嘘のような、とても長閑《のどか》な朝だったという。

閑話休題◆命とらるる海

かつて、青森県の漁港で起きた不思議な事案の体験者さんから聴いた話を、津軽《つがる》出身の作家・太宰治《だざいおさむ》の『人魚の海』及びその原案である井原西鶴《いはらさいかく》の『命とらるる人魚の海』と結びつけて書いたことがある（『怪と幽　VOL．1』収録「海の爪痕」）。

その話の体験者さんは、海から出てきたカギ爪を持つ怪物に水の中へ引っ張り込まれたが、必死に抵抗し、怪我を負いつつ助かった。

そいつには人間のような両腕があったという。さらに現場が西鶴や太宰が書いた人魚の話の舞台と近かった。また海を羊水に、死の海へ誘う存在を女（母）とする、ありがちな見立てが頭の隅にあったので、私はあのとき人魚を想像したのであるが……。

今回の「誘い神」には、怪物の姿が出てこない。海から引き揚げられた車の運転席の女が眠っているかのような顔で死んでいたことから始まり、なぜか女のイメージが濃厚なのだが、話の最後で「先輩」を襲った車の運転席は空《うつ》ろだった。

結局、海の意思を女や人魚の形に収めようとするのは、人のエゴに過ぎないのだろう。

第五〇話　静かな夜

二五、六歳の頃、宮生さんは漁業組合の事務員と交際していた。彼女は漁師の娘で、この港で起きたことならなんでも知っていた。彼女の家も漁業組合の建物も、港の堤防から息を止めて行けるほど近くにあって、潮風の香りが肌の奥まで染みついたような娘だった。彼女の家と漁業組合の建物のちょうど中間地点に砂利を敷きつめた駐車場があり、デートのときはそこに車を停めて、漁業組合の建物から彼女が出てくるのを待った。

秋も終わりに近づいたある晩、いつものように待っていると、バックミラーに年輩の男が映った。一〇歳かそこらの子どものように背が低くて細っこいが、還暦は過ぎていそうに見える。耳あて付きの帽子と綿入りヤッケという典型的な冬の漁師スタイルで、手ぶらだ。

運転席の真横に来ると、ちょっと宮生さんの顔を覗き込み、すぐに離れていった。漁業組合の建物と堤防の間の通路へ入っていく。あっちに行っても何もない。海に飛び込むつもりなんじゃないか。心配になったが、そのとき奇妙なことに気がついた。

――なんで足音がせんのや？　砂利が敷いてあるのに。

それにまた、漁師は朝が早いから、この時間まで組合でまだ働いているのは事務方だけだ。

変やなぁと首を傾げているところへ、彼女が「お待たせ」と走ってきた。

「おう。……あのな、待っとる間に変わったおじさんを見かけてね。ふつうの年取った漁師なんやけんど、いっちょも足音がせんのや」

「待って。その人って、こうちゃうん？　うんと背が低うて小そうて……」

さっき見たばかりの男の特徴を、彼女がスラスラと述べたので、宮生さんは驚いた。

すると彼女は「ここらの人たちは何人も視よるのよ」と言って、その男は幽霊なのだと彼に告げた。

かつて、漁業組合の冷凍庫に夜通し閉じ込められて凍死した漁師がいた。亡くなったのは一〇年以上前のことなのに、未だにその幽霊をときどき視る人がいるのだという。

「幽霊は砂利を踏んでも音を立てんのやねって、みんな言うとるよ」

潮騒しか聞こえない、静かな夜の出来事だった。

第五一話　暴走

七〇年代から八〇年代にかけて、暴走族は少年たちの憧憬を確かに集めていた。しかし同時に、その頃は、暴走族っぽい格好をして家の近所で軽くバイクを乗り回した程度でも不良と呼ばれたものだ。当然、ひそかに憧れるだけで終わらせる良い子が大多数だった。

七〇年代の終わり頃に一〇代後半だった宮生さんが典型的で、一六歳で念願のバイクを手に入れると、気分だけは暴走族で地元で走りまわってみたけれど、誰に怖がられるでもなし、徳島の漁師町では海鳥ぐらいしかギャラリーもおらず、次第に虚しくなった。

それでも、スピードを上げて風を切るのは痛快で、よく意味もなく飛ばしていた。

ある日の夕方、田んぼのあぜ道をバイクで走っていたら、緑の水稲がみっしりと繁っている上に、丸い球が浮かんでいた。

白くて、ソフトボールよりもひと回り大きく、ハンドボールよりやや小さい。

そういうサイズの球体が上下に軽く揺れながら浮いている——と、突如として瞬間移動し、自分から五〇センチほど離れたバイクの左横に現れた。

宮生さんは吃驚《びっくり》して操作を誤りそうになったが、すぐに気を取り直して速度を上げた。振り切ろうと思ったのである。

時速八〇キロ……八五キロ……九〇キロ……九五キロ……。

白い球は執拗についてきた。一〇〇キロを超えると遅れはじめて、最終的には振り切れたが、最後の方はそんな球の不思議さよりも、凸凹《でこぼこ》だらけのあぜ道なんかで暴走することへの恐怖の方が勝っていた。

あぜ道が舗装道路に突き当たったところで振り返ったら、球はもうどこにもなかった。


そんなわけで宮生さんが暴走族に仲間入りすることはなかったけれど、近所のC兄弟は本物の族になった。

Cの兄の方とは同い年で、暴走族になってからも友だちづきあいを続けていた。

そんなある日、Cの兄が興奮した面持ちで「心霊写真が撮れた」と言って、集会の記念写真を見せてくれた。各自の単車をバックにして目つきの鋭い少年ばかり一〇名あまりがしゃがんでいるのだが、なるほど確かにCの弟の隣に般若のような女の生首が写っていた。

C兄弟は怖がるどころか、むしろ面白がっていた。だが、件の集会から数えて一週間後、Cの弟は運転中の事故で死んだ。

長いスカーフの端がバイクの後輪に巻き込まれ、遺体の首は千切《ちぎ》れかけていたという。

第五二話　蒲団たたみ

かつて、山梨の石和《いさわ》温泉界隈では、旅館の清掃係を《蒲団たたみ》と呼んでいた。今でも石和に生え抜きの老人ならそう言っているかもしれない。松夫《まつお》さんがそのアルバイトをした三八年前には旅館街の人々は誰もが用いていた。

松夫さんの高校の同級生に、父親が古刹《こさつ》の住職で市議会議員という少女がいた。なかなかの美人で愛嬌もあり、成績も優秀な子だった。そんな彼女が、夏休みに石和温泉の旅館で蒲団たたみのアルバイトをするという。

「松夫くんもやらん？」と誘われたので、もちろん乗った。

蓋を開けてみたら、旅館の建物の真後ろに件の古刹の墓地があり、墓場越しに本堂も見え、常に父親の監視の目が光っていた。

さて、そこに泊まり込んで蒲団たたみ（掃除）に明け暮れるうちに、変な客室があることがわかった。墓地と壁一枚隔てただけの奥の一室を貸さないようにしているのだが、部屋自体は綺麗なもので、何も不具合がないのである。

開かずの間というわけでもなく、毎日、隅々まで拭《ふ》き浄《きよ》めて、蒲団も適宜クリーニングに出している。

みんなその部屋の掃除をしたがらないので、やがて松夫さんが引き受けるようになった。

彼自身は視たことがなかったが、その部屋には着物を着た女がいるのだと話す従業員が何人もいた。閉じている戸板を擦り抜けて部屋に入っていったり、蒲団たたみの最中に、墓地の方へ消えていったり……。

松夫さんには視えないので、不都合はなかった。

そこで、冬休みにもここで蒲団たたみのアルバイトをさせてもらうことにした。

そして実際、冬場にも働いてみて、わかったことがひとつあった。

問題の部屋は、夏は冷房を入れなくても肌寒いほど涼しく、冬は空気が生温かったのだ。

彼には快適だったので、同級生への淡い片想いが消えた後も、その旅館で何度か蒲団たたみをした。

第五三話　終の棲家

山梨県の松夫さんは、配管工事の施工会社に自動車通勤している。現場に直行あるいは現場から直帰する場合もあり、彼の暮らしには車が欠かせない。

数年前の秋、とある金曜日に松夫さんは甲府市郊外を車で走っていた。

よく晴れた日の黄昏《たそがれ》どきで、事業所に戻らず、作業に伺った甲府市内の個人宅から真っ直ぐ帰宅する途中である。

しばらくすると住宅街が途切れて、視界いっぱいに田園風景が広がった。遠い山は紅葉に彩られ、棚田が夕陽に照らされていた。

道の先が雑木林に呑み込まれている。来るときに一度通った道である。あの林の向こうは造園会社の敷地で、道路の右側に盛り土をして急なスロープを付けた駐車場があった。その先へ進むと、また少しずつ人家が増えてくるのだ——。

造園会社の駐車場が見えてきたとき、反対側の道端に年老いた男女が並んで立っていた。

一見したところ、この辺りに住む老夫婦が散歩しているようである。

しかし何か変だ。男の方は体を右に大きく傾けており、女の方は後ろにそっくり返っているのだ。二人とも、体操の途中で静止したかのような不自然な姿勢のまま動かない。

あと二メートルで横を通りすぎる……というそのとき、急に二人揃ってガクンと前屈みになったかと思うと、飛ぶような速さで突進してきた。

松夫さんは悲鳴をあげながら右にハンドルを切って駐車場に乗り上げた。

その際、スロープで車のアンダースカートを激しく擦った。衝撃の度合いから推して割れてしまったに違いない。「馬鹿野郎！」と怒鳴《どな》って老人たちの姿を探した。

すると、なんと二人は何事もなかったかのように道を歩いていくではないか……。

駐車場に車を置いて後を追ったところ、すぐそこに木立ちに抱かれて民家が三軒並んでいた。左右の二軒は窓に光が灯《とも》っており、真ん中の一軒は夕闇に沈んでいる。

老人たちは異様に歩くのが速くて追いつけなかった。吸い込まれるように明かりが消えた真ん中の家に入っていく——玄関の引き戸を開けたまま。

松夫さんは、恐るおそる薄暗い玄関の中を覗いてみた。

おびただしい新聞の束が三和土を埋め尽くしていた。飛んできた草の種が芽吹き、上がり框に雑草が生えている。見れば、引き戸のガラスが割れており、玄関灯も外されていた。

悄然《しょうぜん》と道路まで引き返すと、隣家の婦人が走り出てきて彼に声を掛けた。

「そのお宅に何か？　ご夫婦が亡くなってから荒れ放題で、私共も困っているんですが」

第五四話　来ちゃった

秋田県出身の翔《しょう》さんは、新宿区の公務員として区内の保育園に勤務している。職場の独身寮にいた二三歳のとき、思わぬ知らせが飛び込んできた。

「お姉ちゃんがさっき息を引き取りました。ダンプカーに轢かれて……」

高校の後輩が事故死して、その妹が電話を掛けてきたのだった。

後輩とは共に県立高校の軽音部で、卒業後も行き来があった。

彼は専門学校へ、後輩は関東近県の大学へ進学した。彼女は都内で就職するつもりで勉学に励んでいた。……そう。それから、近々、新宿に遊びに行きたいと話していた。

「そのときは先輩の部屋も見せてくださいね」と電話で言っていたのは、ついこの前なのに。

真面目で誠実で、でも、ちょっと無防備で優しすぎるぐらい優しい人だった。

この夏休みは大学の図書館に通って勉強していたようだ。後期の授業が始まる数日前のその日も、下宿から自転車でキャンパスに向かっていて、事故に遭ったのだ。

新宿と秋田は遠く、保育園の仕事は休めなかった。葬儀に参列できなかった代わりに、休みの日に事故現場に花束を手向けに行った。

新宿の独身寮に戻ってきたときには夜になっていた。ベッドで横になっていたら、インターホンが鳴った。誰かと思えば、寮のエントランスに件の後輩が立っていた。慌てて迎えに行ったところ、はにかみながら「来ちゃった」と彼女は言った。

「とりあえず部屋へおいで。話をしよう」

連れだって廊下を歩いて、自分の部屋へ向かった。彼女は嬉しそうについてきた。

何かがおかしい。半袖の白いブラウスと地味なスカートという質素な服装で、愛くるしい微笑《ほほえ》みも丸い頬《ほほ》も……生前のままだ。そうだ。彼女は亡くなったはず。

怖さはなく、懐かしさと悲しみが入り混じった切ない気持ちで、彼女を自分の部屋へ通した。だが、椅子を勧めてみたら、明らかに彼女の身長が縮んでいたので困惑した。

椅子と比べて低すぎる、と気づいてからも、みるみる小さくなって、背丈が一メートルぐらいになってしまった。

慄《おのの》いて腰を抜かした途端、彼女の姿は消え、いつの間にか彼はベッドに座っていた。

それから三ヶ月ほど後に、翔さんは後輩に夢で逢った。

「ここに住んでるの」と幸せそうに微笑するので、どこだろうと思ったら、そこは今も彼女の家族が暮らしている秋田県の実家の真ん前であった。

第五五話　彼女は海で逝ったから

衛《まもる》さんの元恋人は、一九八七年六月二一日に静岡県伊東市の海辺で亡くなった。

翌日は月曜日で、朝、衛さんはいつものように西武池袋線の練馬駅のホームにいた。倹約家の彼は、電車を待つ間に売店に立ち寄ったことがなかった。しかしその朝は引き寄せられるように売店へ行き、なぜか新聞を購入した。

なんで新聞なんか……と不思議に感じながら社会面を開くと、どういうわけか大きな扱いの記事ではなく、左下にある小さな囲み記事の見出しが目に飛び込んできた。

《横浜の会社員、潜水中おぼれる　伊東の海岸で》

——そこには別れた恋人の名前が記されていた。

その頃の新聞は今とは違い、事故や事件の犠牲者の氏名のみならず住所や年齢、勤務先まで詳細に載せていた。間違いなく、それは別れた恋人の訃報だった。昨日、彼女はスキューバダイビング中の事故で溺死してしまったのである。

彼女が彼と両天秤にかけていた歯科医のもとへ去っていったのは一年前のことだった。

知り合ったのは六年前で、当時は二人とも学生で、下町のスーパーマーケットでアルバイトしていた。彼女は苦学生で、実家が貧しく、将来に不安を抱いていた。

だから彼が大学を卒業して仕事に就き、それなりに稼げるようになるまで、待つことができなかったのかもしれない。付き合いだして三年後、年上の歯科院長と浮気しはじめ、最終的には衛さんの方を捨てたのだった。

年長の歯科医と交際しだしてから、彼女は垢ぬけて美しさに磨きがかかり、ブランドファッションに身につけるようになった。しかしなぜかあまり幸せそうには見えず、彼は「僕が足を引っ張っているからに違いない」と考えて身を引いたのだが……。

仕事を終えて、練馬駅から徒歩五分の木造二階建てのボロアパートに帰ってきて、あらためて追憶に浸《ひた》った。

彼女から貰った誕生日プレゼントのハンカチや就職祝いのネクタイをまだ大切に保管していた。どれも安物だったが大事な宝物だ。旅行に連れていってあげるのは無理だったが、ときどき一緒に美術館や博物館へ行ったり、映画を観に行ったりしたものだ。

そのうち、映画のプログラムを箱に入れて押し入れにしまいこんでいたことを思い出した。さっそく探しだし、箱を開けてみて驚いた。

プログラムの表紙が濡れて波打っていたのだ。手に取ると磯の香りがした。他は乾いているのに、彼女と想い出を分かち合った映画のものだけに、海水が芯まで染みていた。

第五六話　透視力

成雄《しげお》さんは大手の事務機器販売会社に新卒で就職が決まり、入社前に一泊二日で山中湖の研修施設で行われるオリエンテーションに参加した。

日中はそれなりにスケジュールが組まれていたが、夜は自由時間だった。
五、六人ずつ同性同士で部屋を割り振られており、成雄さんと相部屋になった連中は首都圏の大学を卒業した男ばかりで、すぐに打ち解けた。
しばらく雑談をするうちに、なぜか怪談を披露し合う運びになった。

とはいえ、どこかで聞きかじった都市伝説の類や有名な心霊スポットのネタばかりだったが、Ｉという男だけは本当にあった出来事だと言って、こんな話をした。

――Ｉの母親の持病が悪化して危篤になり、親族一同が病室に集まったところ、誰かが「○○さんの最期の記念に」と言いだして、すでに意識のないＩの母親を全員で囲んで写真を撮った。すると、みんなが背にした窓の外に巨大な獣のような化け物がいて、恐ろしい形相で病室を覗き込んでいるのが写り込んだ。その後、彼の母は奇跡的に快復した――。

全体に不思議ではあるし、ディテールの描写も臨場感に富んでいたので、話が終わると成雄さんたちは拍手して褒《ほ》めそやした。

するとＩは何を思ったか、唐突に「ところで、実は僕、透視ができます」と宣言した。

「本当ですよ。たとえば成雄さん」

「え？　僕？」

「はい。あなたの下宿は新高円寺の風呂なしアパートですね。玄関から入ると正面にガラス障子の引き戸があります。それをガラガラと開けて……入ります……」

そう述べながら、Ｉは目を瞑《つむ》ったまま、引き戸を開けるようなしぐさをした。

恐ろしいことに、ここまで正確に言い当てられていた。成雄さんは固唾《かたず》を呑んでＩを見守った。

「……凄く散らかってますね。服も本も出しっぱなしだ。作家の○○の本が何冊もある。左側はテレビやオーディオ機器のコーナーです。窓のカーテンの色は……」

その後も部屋の状況を細かいところまで的中させた。ところが部屋の右奥だけが視えないと言って、「そこに何か特別なものを置いているでしょう？」と成雄さんに訊ねた。

そこには仏壇が置いてあった。

成雄さんの家は熱心な仏教徒で、仏壇に宗派の御本尊を納めて朝晩拝んでいたのである。

Ｉにそのことを話すと「なるほど」と感心していた。

第五七話　得体の知れないもの

新聞の印刷工場に勤務する公朗《きみお》さんが、二〇一五年三月二二日の夕刻から翌二三日の早朝にかけて体験したことを綴るにあたり、彼と女友だちKさんがそのときスマホで交わしたメッセージのやりとりを再現する。略語や方言、顔文字、数字の表記の仕方を直したことを除けば大きな改変部分はない（但し※印をつけて注釈を加えた）。

《公朗・二二日一七時三八分》「六時からひとりで夜勤。輪転機の管理で明日の夕方まで二四時間勤務。うんざりだー」←※途中に仮眠時間や休憩時間あり。

《K・〃一七時四五分》「うむ。がんばれー」

《公朗・〃一七時五三分》「どうもまた得体の知れないものが溜まってるみたい。おいら最近体の調子が悪くて。どうにかしてー」

※この後すぐにはKさんから返信がなかった。彼女はアクセサリー作家として自宅で工房を開いている。独身で夜型。公朗さんとは二〇代の頃から親しく付き合ってきた。

《公朗・二三日二時〇分》「チャットできる？」

《K・〃二時四分》「おー。少しならいいよー」

《公朗・〃二時八分》「いらないものが来たから吸い取って？　なんか息苦しいんだよね」

《K・〃二時一〇分》「何が来たの？」
※公朗さんは即答せず。彼は、自分の身近な人が亡くなるときに、その予兆が体の不調として現れるとのこと。母が急死する直前は酷い偏頭痛に悩まされ、祖母の臨終前には仮眠室で隣に寝ていた同僚から「睡眠時無呼吸症候群だ」と指摘されるほどの凄いイビキをかいていた。だから、また誰かが亡くなってしまうのかと思い、説明を躊躇《ちゅうちょ》したのである。
だが、息苦しくて一睡もできず、明け方、冗談半分のメッセージをKさんに送った。

《公朗・二三日五時三一分》「とりあえずKちゃんに悪いもん飛ばすよー」

《K・〃五時三二分》「いいよー」
※公朗さんは、この直後から熟睡。
《K・〃六時二八分》「うわっ（泣）」←※これが最期のメッセージとなった。

《公朗・〃一八時五分》「うん？　どした？　おいらはこれから帰宅よ」

「書いてもらった方が供養になるのかなと思った」と公朗さんは私に言っていた。

最後の投稿の直後にKさんは一一九番に通報したが、救急隊員が駆けつけたときにはすでに事切れていたという。

第五八話　罪

長年、親しく付き合ってきたKさんが怪しい経緯で急死したので、直前までメッセージのやりとりをしていた公朗さんは罪悪感に苛まれるようになった。

Kさんが亡くなった日、彼は体調不良に悩まされており、自分の心身に溜まった悪いモノを彼女に向けて飛ばす……と半ば冗談で書き送ったのだ。

その後に送られてきた「うわっ」という謎めいた一言が彼女の最期のメッセージである。

これまでにも公朗さんが体調を崩した直後に身近な人が鬼籍に入るということが一度ならずあったのに、まさかそれがKさんだったとは彼には思いもよらなかった……？

いや。違う。

実は公朗さんは二年ぐらい前から、自分が三五歳になるまでに親しい人を亡くすだろうと予感しており、しばらく前にKさんに打ち明けたのだが、そのときも、深く考えずに「死ぬのはKちゃんだったりして」と軽口を叩いた。

そうしたら、彼女は真顔で「やめて」と言ったのだ。

彼女が旅立ったのは、公朗さんの三五歳の誕生日のひと月前のことだった。

「僕が殺したようなものだと……。罪の意識に襲われて、眠れなくなりました」

電話インタビューの最中も、公朗さんの声は苦悩に満ちていた。

「Kちゃんの四十九日が終わった後、またあらためて後悔の念に責めさいなまれてしまいまして……自宅のベッドに座って、もう、どうしようかと……僕だけ生きていてもいいのだろうかと……。すると、Kちゃんが僕の前に現れて、泣きながら『あたし生きてるよ。生きてるよ』って言いながら胸に飛び込んできましてね……」

公朗さんはKさんを両腕で抱き締めた。

そのとき、ふわりと懐かしい彼女の匂いがしたという。

「いつもつけていたシャネルのコロンと柔軟剤、シャンプーと少しだけ皮脂や汗の混ざった、温かな匂いです。両手で抱いて頬をすり寄せた途端にKちゃんは消えてしまいましたが僕の周りに残り香が漂《ただよ》っていました。感触も、とても生々しくて……。それで、彼女はもっと生きたかったに違いないと思って……でも、どれほど悔やんでも取り返しがつきません。先日、彼女の命日が来て、またこのことを思い出してしまって、メッセージを差し上げた次第です」

第五九話　黒蝶の道

今年二六歳の陽奈《ひな》さんが小学三年生のときというと、二〇〇三年頃だろうか。

物心ついたときから陽奈さんは、芦別《あしべつ》の母の生家で夏を過ごしていた。

両親と暮らす家は北海道随一の大都会・札幌の市街地にあったが、母方の祖父母が住む芦別市は豊かな自然に囲まれ、休暇を過ごすのに向いていた。また、その頃は曾祖母も健在で祖父母と同居しており、可愛い孫娘と曾孫の来訪を毎年心待ちにしていたのである。

その日は八月の盆の入りのすぐ後だったが、ここいら辺で里帰りしてきた家族は陽奈さん一家だけで、曾祖母らの家の周りには朝から人っ子ひとり見当たらなかった。

曾祖母が子どもの頃の芦別は炭鉱で栄えていて、人がたくさん住んでいた。

陽奈さんはそう聞かされるたびに、今も野原と川があって素敵なのにと内心不満だった。

昼ごはんの前に、ひとりで虫捕りに行った。虫籠と虫捕り網を持って外へ出ると、玄関先に植わっている曾祖母の花に一頭の黒い揚羽蝶がとまって蜜を吸っていた。

見たことがないほど大きく、陽射しを受けた翅《はね》は青い輝きを帯びていた。

陽奈さんは「虫愛《め》ずる姫だね」と大人から度々、揶揄されてきた。

この特別な蝶が欲しい。必ず捕まえる。……と、網を構えたが惜しいところで逃げられた。

蝶は軽やかに高く、庭の外へ飛んでいく。そこには地平線の彼方まで続く真っ直ぐな一本道があった。庭から走り出ると、道の上で翅で空気を掻きながら蝶が浮かんでいた。ゆらゆら、ゆらゆら。翅の面積が広いせいか、ふつうの蝶より羽ばたきが緩慢だ。後を追ううちに、最初の蝶の周りに仲間がどこからともなく集まってきた。すべて同じ揚羽蝶で見分けがつかない。気づけば数え切れないほどの群れをなしていた――長く黒い帯のようにひと塊になって一本道の上をゆらゆらと飛んでいく。

必死で追いかけた。幼いながらに、自分の駆け足の方が速いと確信していた。ところが驚いたことに、追えば追うほど群れが遠ざかる。だいぶ頑張ったが、ついにはあきらめて立ち止まり、黒い群れが陽炎に紛れて見えなくなるまで見送った。

小学校で二学期が始まってから、担任の先生にこのことを打ち明けたところ、先生は「私も一度だけ似たような光景を見た。ミヤマカラスアゲハの蝶道かもしれない」と話された。

「蝶は霊的なものと関わりがある。その群れについて行かなくてよかったんだよ」

陽奈さんは長じてから、群れに取り残されたときの喪失感と共に、記憶に残るあのときの黒い蝶たちから葬列を連想するようになった。でも、また蝶の群れが現れたら同じように追いかけずにはいられない気がするとのこと。

第六〇話　お盆の仏間

北海道の陽奈さんは一九九四年生まれだが、芦別の家で体験された話には不思議と昭和の匂いや手触りがある。それはお線香の香りであり、よく踏まれた畳の感触だ。

彼女が小学四年生のとき、お盆の入り日に近い日曜に母方の親戚が芦別に集った。

ふだんは曾祖母と祖父母だけが静かに暮らす家に、二、三〇人も来て、夕方になると酒宴を始めた。大人は楽しそうだが、陽奈さんは似たような年頃の子がおらず退屈だった。

おじさんたちが酒臭い息を吐きながら談笑するようすにも嫌気が差し、家の中で唯一、静かな仏間に逃れた。古い家である。仏間には線香の匂いが深く染みついていた。それは、この部屋に床を延べて起居している曾祖母の匂いでもあった。

——仏壇の前に、真っ白な浴衣を着た知らないおじいさんが立っていた。

ぼんやりした眼差しを正面に投げかけている。しかし何かを見つめているという雰囲気ではない。どうしたのだろうと陽奈さんは思い、「こんにちは」と声を掛けた。

「みんな居間にいますよ。大丈夫ですか？　誰か呼んできましょうか」

心配して話しかけたのだった。だが、老人はこちらの存在に気づいてすらいないような態度で、あいかわらず茫洋《ぼうよう》として佇んでいるだけだった。

そこで痺《しび》れを切らして老人に顔をぐっと寄せると、強い調子で「もしもし」と言ってみた。

すると、宙を見ていた黒目が素早く動いて陽奈さんの目にガキッと焦点を合わせた。

途端に悪寒が背筋を這いあがり、一歩後退りするや踵《きびす》を返して仏間から飛び出した。

一瞬のことであった。なのに体が底冷えして、にぎやかな場所に戻っても鳥肌が止まない。

そのとき伯父たちと酒を飲んでいた父が軽くこっちを振り向いたので、「仏間にお客さんがいた」と教えたが、「みんなここにいる。もう一回、見といで」と言われてしまった。

仕方なく陽奈さんは再び仏間に行った。誰もおらず、ただ線香の煙だけが燻《くゆ》っていた。

お盆が終わって親戚たちが引き揚げた後で、母にこの出来事を話した。

「子どもの頃、あの仏間でたぶん同じ人を視たことがある。時季になると必ず来るのかもね」

「幽霊なんだね」と陽奈さんは母に返しながら、胸の中で「やっぱり」と呟いていた。

このときまで、幽霊はみんな腰から下が透けていて足がなく、三角形をした白い布を額に着けているものだと決めつけていたのだが、思えばあれは幽霊っぽかった……。

それからあらためて仏間の鴨居に飾ってあるご先祖さまたちの遺影を確かめてみたけれど、あの老人と同じ顔は見つからなかった。

閑話休題◆お盆と怪談

お気づきかもしれないが、本書をはじめ拙著にはお盆の怪異体験談が少なくない。

お盆に限らず、夏の話となるとさらに多い。

――なぜ日本では、夏に怪談話をするのか？

この疑問に対して、國學院大學の文学部准教授・飯倉義之先生は、ウェブサイト「國學院大學メディア」で、「夏は死者の魂が帰ってくる季節だからです」と明答されていた。

「恐怖にゾッとして暑さを忘れるためなど言われますが、それは俗説です」とのこと。

飯倉先生は続けて、民俗学者の折口信夫《おりくちしのぶ》の説を採り、江戸時代から夏になると上演されてきた歌舞伎の「涼み芝居」――たとえば『東海道四谷怪談』といった怖い話――が「怪談といえば夏」という日本特有の定型を作り、そのルーツは、盆の時季に農村で行われていた狂言にあると解説されていた。

おそらくというか、ほぼ確実に飯倉先生の参照元と思しき「涼み芝居と怪談」という折口信夫の随想には「地方の役者村や、又素人の地狂言を行ふ村々があつて（略）古くは念仏踊りを踊つた十王堂や、地蔵堂などで、之を行ふことになつた」と書かれている。

お盆になると、子孫から敬愛を受けた祖先の魂ばかりではなく、無縁仏や怨霊などの死霊も彼の世から帰ってくる。此の世に未練を残した浮かばれない霊については、鎮魂する必要があり、そのために民衆は狂言を演じてきたというのである。

歌舞伎の怪談については、鶴屋南北がまだ勝俵蔵《かつひょうぞう》と名乗っていた文化元年（一八〇四年）に書いた『天竺徳兵衛韓噺《てんじくとくべえいこくばなし》』を端緒とする説も有力だ。

まあ、しかしこれは折口信夫説と大きく矛盾するものでもないように思う。

鶴屋南北の『天竺徳兵衛韓噺』には殺害された乳母の怨霊が登場したという。

同書には別の作者による原案があるそうだが、そちらには幽霊が出ない。

それをわざわざ出したからには、鶴屋南北にも、夏舞台の芝居の中で怨霊を鎮魂したい気持ちがあったかもしれないではないか？

もっとも現代の『天竺徳兵衛韓噺』では、幽霊を排除した音羽屋（尾上菊五郎家）の台本が採用されているそうだ。

改稿されたのは明治時代。文明開化の頃、幽霊は科学の時代にそぐわない、たかが「神経」の仕業と誹《そし》られたのだった（『真景累ヶ淵』の「真景」の由縁である）。

——私としては、死霊の鎮魂を祈念する点だけ地狂言の精神に立ち戻りつつ、お盆限定では商売にならないので四季を通じて怪談を書き、また、愉しみたいと願う次第だ。

第六一話　夏の子ども、ふたたび

私は本シリーズの前作『一〇八怪談　鬼姫』で、芸者置屋主人の一家を見舞った怪異を収録した。第一四話「入り盆の坂」・第一五話「来たもの」・第一六話「あの子の行き先」の計三本がそれで、長男の悠斗《ゆうと》さん、母の智子《ともこ》さん、父の大輔《だいすけ》さんを各話の主人公として書いた。

本が発売されたのは二〇二〇年だが、二〇一七年の盆の入り前後に起きた出来事を大輔さんからお聴きした体験談が基になっている。舞台は湯元温泉で有名な福島県いわき市の住宅街である。このたび続報と思しき話が大輔さんから寄せられたので、ここに綴りたい。

先の心霊事件から四年近く経ち、今年、当時小学六年生だった悠斗さんは中学三年生に、前回は名前を出さなかった次男の蒼空《そら》さんは中学一年生になった。

この八月三日の午後六時、蒼空さんは黄昏の町を自転車で急いでいた。友人たちと遊んだ帰り道だった。前方には一戸建ての家並みが延々と続いており、等間隔に電柱が立ち並んでいる。街路は耐え難《がた》いほど蒸し暑く、人影はまったくない。騒がしいのは蝉《せみ》ばかりだ。

早く家で涼みたい一心でせっせとペダルを漕いでいると、右側の電柱の陰に半ば隠れて、野球帽をかぶった男の子がこちらのようすを窺《うかが》っていた。

目が合うとサッと電柱の後ろに引っ込んだ。

——あいつだ。下着みたいな白いランニングシャツを着た、たぶん小学生。昨日の子だ。蒼空さんは、昨日もここで同じ状況に遭遇していた。間違いなくあの子だった。逃げ足の速いヤツで、声を掛けようと思って電柱に近づいたときには、もういなかった。

今日は逃がさないぞ……と、蒼空さんは速度を早めて近づき、電柱の後ろを覗き込んだ。

しかし子どもは消えており、少しゾクリとした。後ろを振り向いても誰もいない。逃げる足音すら聞こえない。……とにかく帰ろう。気を取り直して前を向くと、次の電柱の陰から野球帽の庇《ひさし》が突き出して、再びあの子が顔を現した。

不思議だ。恐さと好奇心が喧嘩して、後者が優勢になった。

——それからも、子どもは半身を電柱の陰から出して、蒼空さんを見つめるとは隠れることを繰り返した。だが七回目に顔を覗かせたときは違った。いきなり電柱の後ろから猿《えん》臂《ぴ》を伸ばして、自転車にまたがっている蒼空さんの髪の毛をむんずと掴んだのである。

蒼空さんは悲鳴を上げて手を振り払うと、振り向きもせずに家に逃げ帰った。

二日後、彼は激しい頭痛を覚えた。両親に伴われて脳外科を受診したところ、あの子に髪の毛を掴まれたあたりの脳膜《のうまく》が裂けて出血しているとわかり、硬膜《こうまく》下《か》血腫《けっしゅ》と診断された。

そして手術のときに頭蓋骨に開けた穴が、ちょうど子どもの拳が通る大きさで……。

第六二話　遠くから見ている子ども

前項の後日談となるが、大輔さんは今回次男の身に起きた災難を受けて、四年前に長男が遭った化け物が、再び現れたことを確信した。

四年前にも相談した寺の住職からお守りと浄めの塩を貰ってきて、お守りは入院している次男の寝間着に貼り付け、塩は病室のベッドの下に撒いた。そのお蔭かどうか、次男の術後の経過は順調で、間もなく退院できた。入院中、付き添っていた妻も怪異を視なかった。

後遺症もなく快復する見込みだが、受診があと一日でも遅ければ、若年性認知症になった可能性があると手術を担当した医師に言われて震えあがった。

長男と次男の話を突き合わせると、幾つか共通点があることに彼は気づいていた。根本的に解決しなければ、いつかまた、あの野球帽を被って白いランニングシャツを着た子どもの化け物が何か仕掛けてくるのではないか？

そう考えて不安になった大輔さんは、知人や友人に意見を求めた。

この一連の怪異について助言を仰ぎたかったのだが、二度にわたって相談した寺の息子は同様のケースを他に知らないと言い、「今回も本当に祓えたかどうか……」と心もとないことを述べるばかりだった。

一方、彼の幼なじみは「俺らが遊んでるときに、遠くから見てた子でねぇの？」と述べた。

大輔さんたちは小学生の頃、いわき市の常磐《じょうばん》炭田跡地でよく遊んでいた。当時は坑道跡の廃トンネルや坑夫たちの長屋が廃墟になってまだ残っており、探検と称して廃トンネルや廃墟に侵入したこともあった。幼なじみは、そのときのことをよく憶えていた。

「遠くから見ていた子ども？」

「うん。五人ぐらいで炭鉱跡で遊んでたときさ。自転車で帰っぺとしたら後ろから走ってきた子どもがいたでねぇか。そいつも野球帽かぶって、薄汚れた半ズボンとランニングシャツ着てたよ。誰かの弟かと思ってみんなに訊いたら、全員、知らねぇ子だって」

大輔さんは「そういえば……」と当時の記憶を蘇らせつつ、いくら昭和だと言っても、あの頃そんな服装で出歩く子どもは滅多にいなかった、と、ふと思った。

もしかして、あれは炭鉱があった時代の子どもの霊か？

しかし炭鉱跡で自分たちが遊んだのは三〇年以上も前のことだ。あれからずっと自分に憑いているのか、それとも、少年の前にだけ時折、姿を現すものなのか。

――謎を解く鍵は何処《いずこ》に？　彼の息子が二人とも狙われた理由は？

私は、大輔さんが何か大切なことを忘れているような気がしてならなかった。

第六三話　子どもの顔

　大輔さんの長男が四年前に、そして次男が今年、いずれも八月に、同じ特徴を備えた子どもの化け物に襲われた話を傾聴するうちに、これらの出来事の原因を探りたくてたまらなくなった。まるで祟りのようではないか。

　三〇年以上前、当時は子どもだった大輔さんと友人たちが、同じ化け物に遭った可能性も濃厚だから、もしかすると一連の怪異が始まったのはそのときかもしれないとも思う。

「それから今までに何かありませんでしたか？」と私は彼に訊ねた。

　大輔さんは考え込んで、「関係ないかもしれませんが」と断ってから、こんな話をした。


「私と妻が初めての子どもを授かって……妊娠三ヶ月ぐらいのときでしょうか。その頃、私は子どもができたのが嬉しくて、産婦人科の妊婦健診によく付き添っていたんですよ。それで、そのときも一緒に産婦人科に行ったら、いつもなら健診後すぐに貰える胎児のエコー写真を看護師さんが渡してくれない。

　なんだろうと思っていたら担当医が私だけ診察室に呼び戻して『このエコー写真は奥さんに見せずに破棄しますが、見たいですか』と……。

咄嗟に胎児に異常があったのかと思ったんですが、そうではありませんでした。二、三歳の幼児の顔が子宮いっぱいに写っていて、こっちを見ていたんですよ。妻には『エコー写真のカメラが故障したから後日撮り直すことになった』と病院側と口裏を合わせて説明しました。

でも次回の健診の前に、赤ん坊が流れてしまいました。ええ、早期流産で……。

私はその頃、地域の青年会で会長に就いていました。……また子どもを授けてください、そしてどうか今度は無事に……と神さまに願掛けしたい気持ちでいたところ、常磐湯本町にある温泉神社の奉納祭を青年会で手伝うことになりまして……。

温泉神社の兼務社・八坂三峯神社に京都の八坂神社から御霊を分けてもらって奉納し、温泉神社の神さまに報告したのですが、その際に、長い石段を上る途中で、急に背後から髪を掴まれまして……転げ落ちて怪我を……。後ろには誰もいなかったのですが」

髪を掴まれたと聞いて、私は慄然とした。

「次男の蒼空さんと同じではありませんか。蒼空さんも髪を掴まれましたよね？」

当然、大輔さんも気づいていると思っていた。しかし、そうではなかった。

「あっ……。今まで結びつけて考えたことがありませんでした。変ですね……」

――この彼の反応に言い知れぬ恐怖を覚えるのは、私だけではないだろう。

第六四話　妨害

二〇〇五年に惜しまれつつ解散したパ・リーグの某球団と言えば、おわかりになる方も多いと思う。その解散反対運動のＩＴ支援に携わった関西在住の男性から話を聴いた。

仮に文哉《ふみや》さんとしておく。彼は裏方として関わるうちに、球団事務所の代表者と、その右腕でもある代表者の妻・Ｌさんの信頼を勝ち得た。文哉さんは自分の専門分野以外の頼まれ事にも嫌な顔をしない性質で、仕事ぶりだけではなく人柄も愛された。そのため球団解散後も元代表夫妻との交流が続いた次第だ。

一〇年余り前の夏のこと。文哉さんはＬさんから車を出してほしいと頼まれた。

「夫の事務所が贔屓《ひいき》にしとる喫茶店が大阪の東天満《ひがしてんま》にあるんやけど、そこのママさんやママさんのお子さんたちが左側ばっかりやられますのや。顔や体の左側だけ怪我をして、みんな生傷が絶えまへんの。最近も、下の息子さんが自転車でコケて左腕やら左脚やら骨折してもうて重傷や。もう五年くらい前からしょっちゅうで、何十回目かわかりまへん」

そこで喫茶店のママは厄払いを思い立ち、神社を紹介してほしいとＬさんたちに頼んだところ、北九州から神主のＭ先生が来阪する運びになったというのだ。

以前、Ｌさんから M 先生を紹介されたことがあり、まだ四〇歳前後と自分より五つ六つ若いのに、神職として異例の出世を遂げた人だと聞いていた。また、六〇に手が届くLさんが尊敬していることからも、M先生の実力のほどが窺えた。Lさんによれば Mさんは悪霊祓いや憑き物落としの名人で、日本のゴースト・バスターとして知られているとか……。

「では私はM先生の運転手をすればいいんですね？」と文哉さんはLさんに訊ねた。

するとLさんは首を横に振って、「占い師のHさんもオブザーバーとしてお招きしたから、あなたはHさんの方を乗せたって」と答えた。

「M先生は大荷物を抱えて来はるし、Hさんは縦も横も大きんですわ。文哉さんが忙しかったらHさんにはタクシーを使《つこ》うてもらうけど、どう？　興味あらへんやろか？」

文哉さんは強く好奇心をそそられていた。

当日、大阪駅に集合すると、Lさんは神主のM先生を、文哉さんは占い師のHさんをそれぞれ自分の車に乗せて、問題の喫茶店に向けて出発した。Lさんが場所を知っているので、迷うわけがなかった。しかし前を走るLさんのベンツが、大阪の地理にさほど詳しくない文哉さんですらすぐ気がつくほど、激しく見当違いの方へ行くではないか……。

実はこのとき、Lさんのベンツのカーナビが異常な指示を出しつづけていた。

「カーナビはあかんね。悪霊も便利に使てまうから」と後にLさんがボヤいたとか。

第六五話　騒霊

前項の続き――東天満の喫茶店に和製ゴースト・バスターこと神主のM先生、占い師のHさん、Lさん、そして今回の私のインタビュイーである文哉さんが勢揃いした。

夏の白昼である。冷房のきいた店内は涼しかった。ドアにはクローズドの札が下がっている。文哉さんは、この喫茶店のママがたいへん美しい人であることに少し驚いた。

さて、準備が整うと、神主のM先生がカウンターの奥にある神棚に向かって祝詞《のりと》を上げだした。ママとLさんはカウンターの内側の邪魔にならない位置に控え、巨漢のHさんとやや肥り気味の文哉さんは店の奥でクーラーの吹き出し口を背にして立っている。

始めてから一分も経たないうちに、店の正面にある窓を何者かが叩きはじめた。

音の感じでは窓に嵌《はま》ったステンドグラスに外から掌を打ちつけているようだが、彩色ガラスの向こうに人影はない。窓の外は小売店や画廊が立ち並ぶ繁華な通りだ。だが、ガラスが割れそうな勢いで窓が叩かれているのに、道行く人は誰ひとり振り向かない。

M先生はさすがの集中力で、よどみなく祝詞をあげつづけている。

すると次はカウンターに造りつけられた幾つかのスツールのうち一脚がひとりでに動いてギシギシと軋《きし》みはじめ、続いてエアコンから、中に猫か鴉でも飛び込んだのでは……と思うような怪しい音がした。吹き出し口の前にいた文雄さんとHさんは驚いて跳びあがった……が、その音はたちまち壁に取り付けたダクトの中を天井まで駆けあがって、さらに天井裏を神棚があるのとは反対側のカウンターの方へ獣の足音をさせながら走っていく。

呆気に取られつつ足音の行方を目で追うと、天井裏を斜めに過《よぎ》って店の勝手口から外へ抜け出たようだった。

そのとき祝詞が終わった。同時に突然、沈黙の幕が下りた。

静寂の中、M先生は神に御礼を奉り終えた。そしておもむろに、店のママに向かって、

「五、六年前まで、長いストレートヘアが印象的な、痩せ型の二〇代前半の女性がここで働いていましたね」と訊ねた。ママが「はい」とうなずく。するとM先生は、こう続けた。

「さきほどの騒霊現象は生霊の仕業です。左側だけに怪我を負う祟りも同じく、人の呪いによるものでした。原因は嫉妬です。彼女が好意を寄せた男性が、あなたに片想いしていたのでは？　そのため、あなたは何もしていないのに彼女に深く恨まれてしまった……」

それを聞いて、ママは戸惑いながら、五年前までいた二二歳の女性アルバイトがまさにそうした外見で、ここの常連客に振られた直後に辞めたのだと語った。

「せやけど、そのお客さまがうちを好きやったなんて、考えたこともおまへんでした」

第六六話　三輪山

数年前のあるとき、文哉さんは以前から親交のあるLさんに三輪山《みわやま》登山に誘われた。北九州の某社の宮司で、悪霊祓いの名人として名高いM先生と占い師のHさんも一緒だという。大阪でM先生によるお祓いの現場に立ち会ってから、二人とは何度か顔を合わせており、気心が知れていた。ＩＴ関係の仕事に就いている文哉さんにとって、彼らとの交流は灰色の日常を束の間忘れさせてくれる心躍る冒険だ。日程を調整して同行することにした。

新緑の折で、時季も良かった。

ちなみに文哉さんは前知識がまったくないまま参加した。三輪山が奈良県にあることすら当日まで知らなかったとか。他の人たちが詳しそうだったので安心していた、とのこと。

午前九時頃にJR三輪駅に到着し、まずは狭井《さい》神社で参拝証の襷《たすき》と登山案内図を受け取った。彼はこのとき初めて、これがふつうの山登りではないことを悟った。

「入山心得十ヶ条、一、三輪山はご神体です……って、ただの山じゃないんですか？」

「ええ」とM先生が答えた。「だから大神神社には本殿がありません。拝殿はありますけど」

参拝口がすなわち登山道入り口で、登りはじめて間もなく、急な坂道に差し掛かったあたりで急に大粒の雹《ひょう》が降りはじめた。五月に雹。つい今しがたまで快晴だったのに。恐れ慄いた文哉さんが「神さまが嫌がってるんですかね？」とMさんに訊ねたら「喜んでいらっしゃるんですよ」という答えが返ってきた。

「山頂の《奥津《おくつ》磐座《いわくら》》で祝詞を上げさせていただきましょう」

果たして、山頂のお社でM先生が祝詞を奉じたところ、あな恐ろし、雹がピタリと止んだ。

……ここまで思いのほか嶮しい山道だった。途中に地面がぬかるんだところもあり、靴やズボンは泥だらけ。全身汗まみれになっていた。LさんとHさんも似たようなものだ。

ところがM先生だけは靴に一粒の土も付いておらず、涼しい顔をしている。

「奇跡だ！」と文哉さんは騒いだ。するとM先生は「あなたも」と苦笑して「汗は掻いていらっしゃいますが、息は上がらず、少しも疲れていないでしょう？」と指摘した。

それは本当だった。しかし、下山してから大神神社の拝殿へ行くとなぜか宮司が飛んできて、M先生の連れということで、文哉さんたちまで社務所に案内され、そのときは泥まみれの格好がいささか恥ずかしかった。

社務所で三輪素麺をご馳走になり、それから駅まで帰りしなに箸墓《はしはか》古墳に立ち寄った。これも着いてから彼は知ったのであるが、ここを卑弥呼《ひみこ》の墓だとする説がある。

思わず興奮すると、「怒らせるといけないからお静かに」とM先生に諭された。

第六七話　憑き猫流し

あるとき文哉さんが大阪のLさんと電話で雑談していると、彼女がこんな話をした。

「私の昔からの友だちで芦屋《あしや》の奥さまがおるんやけど、その家の一八歳になるお嬢さんが引き籠もりになってしもて、お祓いしてみたいと言わはるのでM先生をお勧めしたの」

お宅に訪問してお祓いをすることになったという。「文哉さんもいらっしゃる？」と訊ねられ、日取りが決まったら知らせてもらうことにした。

当日は文哉さんが車を出した。少し肌寒い一〇月上旬の午後早く、芦屋の住宅街へ問題のお嬢さんを訪ねていくと、立派な門構えの屋敷に着いた。インターホンで来訪を告げたところ、門が自動で開いて母屋の玄関に続く小径が見えた。

――玄関ポーチの上に、一見して年寄りとわかる白猫が寝そべっている。

ところどころ体毛が禿げてみすぼらしいが、首輪をしているので野良ではなさそうだ。

一行が近づくと、立ちあがって凄い剣幕でM先生を睨み、シャーッと怒った。

M先生は一瞥《いちべつ》しただけで、猫を気に留めるそぶりを見せなかった。奥さんが三人を玄関に招じ入れたときには、猫はまた元のように寝そべって、そっぽを向いていた。

応接間で件のお嬢さんと対面した。肩を丸めてうつむき加減にソファに座り、どんよりと沈んだ表情で黙りこくっている。

――東京の私立大学に合格して、都内にマンションを借りて戻ってきたらこうなった。この屋敷から出る気力がなく、無理に連れ出すと倒れてしまう――。

奥さんの説明を聞いてから、M先生が紙の人形を使ってお祓いをした。

最後の方でお嬢さんが舟を漕ぎだし、終わると昏々《こんこん》と眠ってしまったので心配になったが、M先生によれば、目覚めたときには本来の活発さを取り戻している、とのこと。

車に乗り込むと、M先生が近くに海か川はあるかと文哉さんとLさんに訊ねた。あったらすぐに連れていってほしいというので、芦屋川の河口付近へ向かった。

消波ブロックで護岸されているそばで車を停めると、さっきお祓いに用いた人形を手渡された。「これを水面に落としてください」と指示されて従ったら、途端にズシンと全身が重くなった。「先生、なんか変なんですけど?」と焦る文哉さんを無視して、M先生は人形に向かって印を結び、口の中で何かブツブツと呪文を唱えた。

すると、すぐに体が軽くなるのと同時に、人形がひらひらと川の底へ沈んでいった。

その後、M先生は「あの家の猫がお嬢さんと離れがたくて憑いていた」と彼に説明した。

――そして数日後、件の猫が寿命で死んだとLさんが知らせてくれた。

第六八話　五六年目の真実（一）

つい先日、拙著『実話奇譚　奈落』に収録した「水が繋げる」という話のインタビュイーである林吉雄《はやしよしお》さんから連絡を頂戴した。

「このたび父が亡くなりまして……。今日、荼毘に付すのですが、通夜の席で、生前、父があの叔母について少し感情的に話していたと親戚から聞きました。憶えていらっしゃいますよね？　三年前に先生に書いていただいた、昔、琵琶湖で亡くなった和子《かずこ》叔母です」

もちろん私は記憶していた。吉雄さんの父は七人きょうだいのいちばん上で、七人目の末っ子である和子さんは一九六四年七月二四日に琵琶湖で消息を絶った。

遺体が発見されないまま溺死したものと見做《みな》され、それから三九年後の二〇〇三年、宮崎県の海辺のホテルに泊まった吉雄さんと彼の妹のもとに不思議な現象をもたらした。

吉雄さんの妹の夢に叔母が現れ、「和子さん」と名前を呼んだところ、名前を憶えてもらっていたことを喜んで、彼女が寝ていたベッドの周りを走りまわった。ただの夢かと思っていたのだが、朝になると、ベッドの周囲がびっしょりと濡れていた。

そもそもこの旅行は吉雄さんが経営する会社の取引先から招待されたもので、彼は当初、妻を同伴する予定だった。直前に妻が来れなくなり、代わりに妹を招いたのだ。そのような事情で同じ部屋に泊まっていたため、彼もこの奇跡を目撃することになった――。

「二年ぐらい前に、法事で親戚が集まったとき、お斎の席で、父が『和子は殺されたんや』と怒った顔で呟いていたそうです。それを聞いて、思い当たることがあったので、先生に続編を書いていただけたら、父と叔母の供養になると考えました」

　私はありがたくお受けして、さっそく電話でインタビューを開始した。

「今、思い当たることがあったと仰《おっしゃ》いましたが、いったい何があったのでしょう？」

「はい。その法事の少し前に、神職の方に和子叔母の供養をしていただいたんですよ。さらに去年も叔母のために御祈祷をしてもらったところ、そこで心霊写真が撮れたのです」

「それは凄いことですが、なぜ急に、叔母さんの供養を思い立ったのですか？」

「順を追って話します。……三年前、K先生という方に商売繁盛祈願をお願いしました。K先生は北海道の山奥のお堂にいて、祈祷に立ち会うことを不必要に求めません。翌日、祈祷無事終了のお電話をいただきました。でも、そのとき急に『林さんの亡くなった親族に〝カズ〟が付くお名前の方はいらっしゃいますか？　祈祷をしていると、その方がしきりに訴えかけてくるのですが、心当たりがありますか』とK先生から訊ねられたんですよ」

　祈祷中に聞こえてきた声は――暗い。怖い。帰りたい――そう訴えていたそうだ。

第六九話　五六年目の真実（二）

滋賀県で会社を経営している吉雄さんが、北海道の著名な神職・K先生と知り合ったのはSNSのとあるグループがきっかけだった。今回、私も吉雄さんからK先生をご紹介いただき、ご本人に相談した結果、彼のプロフィールについて、以下のように記すことにした。

――歴三五年。東京に本部のある某神道団体で指導的立場に就き、北海道の支部で活動している。某芸能人の個人事務所や市議会議員、地元の教育施設などの厄祓いや憑き物落としで評判を取り、テレビで〝現代の陰陽師〟と紹介された。宣伝を一切せず。弟子は現在五名。尚、K先生に「陰陽師と書いてもいいですか」とお訊ねしたところ、「明治三年に陰陽寮が廃止されたので、陰陽師はいないのですよ」と優しく諭されたことをここに告白しておく。

さて、K先生に商売繁盛祈願を頼んだ結果、思いがけず亡き叔母・和子さんの悲痛な訴えを知った吉雄さんは、「暗い。怖い。帰りたい」とは、彼女が琵琶湖で水死したときの気持ちだろうと思った。たった一九歳で亡くなった和子さんの遺影は、彼が物心つく前から仏壇に飾ってある。セピア色に変色したモノクロ写真に写る彼女は、まだ少女っぽいあどけなさを残しており、それだけにその死が痛々しく感じられたものだ。

そこで、それからおよそ一年後、つまり二〇一九年に別件でK先生に祈祷をお願いした際に、ついでに和子さんの供養もお願いした。

K先生は北海道のとある山深い村のお堂で祈祷などを行う。祭壇に蝋燭を灯し、護摩《ごま》を焚いて祝詞を上げた次第だが、蝋燭がいつまでも消えなかった。

蝋燭は燃え尽きれば消えるはず。また、K先生によれば水死された死者に奉げた炎は、水の記憶によって、ふつうよりも早く火が消えるそうだ。

K先生は驚きながら、琵琶湖に沈んでいると信じられてきた和子さんの遺体は、もしかすると実は土に埋められているのではないかと思い、祈祷の後で、吉雄さんにそう伝えた。

それから間もなく父方の法事で親戚一同が集まった。お斎の日本酒で少し酔った吉雄さんは、和子さんに関する一連のことをその席で話した。

胡散臭《うさんくさ》がられると思ったが、意外にも皆、静かに聞いていた。

「私は知りませんでしたが、このとき父が和子叔母は殺されたのだと独り言ちていたそうです。昭和三九年のあの当時に、祖父は二五〇万円という大金を投じて琵琶湖を捜索しました。泳いでいたらいなくなったという叔母の彼氏の証言を信じてね……。その彼氏は、叔母の葬儀に来なかったそうですよ。香典も寄越さず、その後は音信不通になったといいます」

第七〇話　五六年目の真実（三）

和子さんの供養の折に、蝋燭が消えないという怪異を目の当たりにしたK先生は、吉雄さんに対して、今回は供養が完遂できなかったと正直に打ち明けた。

しかし「叔母さんの供養は私が責任を持ってやり遂げます」と彼に誓い、協力を要請した。最初はK先生を琵琶湖に招いて和子さんを降霊してもらった上で供養するつもりだったが、スケジュールが合わず、年を跨いでしばらくすると新型コロナ感染症の問題が勃発。北海道から滋賀県への移動は時節に合わないので断念して、代案を工夫することに……。

そこで活躍したのが、吉雄さんの趣味である怪談蒐集の同好の士たちだった。

「和子叔母が男と一緒に琵琶湖の遊泳場に行ったのは間違いがないのです。その後の男の行動の怪しさや、ダイバーを何人も雇って湖底を捜索したのに遺体が見つからなかったことを鑑《かんが》みると、叔母は殺されて、琵琶湖畔のどこかに遺体が埋められた公算が大きい。だから仏壇にある叔母の肖像写真を琵琶湖の浜辺にいったん埋めてあらためて取り出したら、土の中から叔母の魂を救出することになるのでは……と怪談仲間から提案されました」

K先生はそのアイデアに賛同し、〝救出〟された和子さんの魂が遺影に宿る可能性があると言った。

「そこで〝救出〟した写真をK先生に送って御祈祷してもらいました」

二〇二〇年、和子さんが琵琶湖で消息を絶ってから五六年目のとある晩、彼女の供養が執り行われた。K先生の祈祷は、後で祈祷の依頼主に見てもらうために、弟子に動画や写真を撮影させながら実施する。今回も同様に撮影が行われた。

そして、その写真の一枚に、喪服を着た女の姿がはっきりと写り込んだのである。

私もそれを見せてもらった。護摩壇のそばの壁際に、祈祷中のK先生に向かって手を合わせている小柄な人が確かに写っていた。肌色の顔と手、白い半襟や喪帯、黒い着物の形などが明確に見て取れ、教えられなければ誰も心霊写真だと思わないだろう。

このとき、K先生にはこんなメッセージが伝わってきたのだという。

――私は誰のことも少しも恨んでいない。五〇年以上も苦しい思いはしてきたけど、無事に上がることができて本当に感謝しています。ありがとう――。

吉雄さんは、今年のお盆では和子さんのお墓にも手を合わせた。そのとき蝋燭立ての蝋燭の炎があっという間に燃え尽きてしまったので、これはどういう知らせだろうと思い、後でK先生に訊ねたところ、和子さんが喜んでいる徴《しるし》だと教えられて大いに安心したそうだ。

和子さんの御霊は救われたのだろう。遺体は見つからず、怪しい男は野放しのままだが。

第七一話　社屋童子

東京都文京区は国内有数の文教地区だ。江戸時代の昌平坂《しょうへいざか》学問所を起源とする東京大学が代表的だが、大学ばかりでなく、戦前から初等教育も活発で小中学校も多い。そんな文京区が空襲被害を被《こうむ》ったのは、第二次大戦中の一九四四年一二月三一日のことだ。樹木に囲まれた旧帝大図書館など一部を除き本郷《ほんごう》界隈の建物はことごとく焼失したという。焼け野原には戦後、教育機関のみならず企業も進出し、鉄筋コンクリートの社屋を建てた。

学《まなぶ》さんが新卒で入社した専門商社もそのひとつだ。彼は現在五五歳。三〇年以上にわたり、ここにある本社ビルで働いてきた。

新人の頃のある夜のこと、共に残業していた同僚がさみだれ式に帰っていって、とうとう独りきりになってしまった。仕事はまだ終わらない。

この辺で少し一服入れておこうか……。屋上の喫煙コーナーを思い浮かべると、急に外の空気を吸いたくなった。エレベーターはあったが、ビルは四階建てで彼がいるオフィスは三階。階段で上がった方が手っ取り早い。

階段室は静まり返っていた。しかし、上りはじめて間もなく、ごく軽やかな足音が駆けあがってきた。別の部の社員に違いないと思い、学さんは足を止めることなく屋上に出た。喫煙コーナーのベンチに座ったとき、足音の主も屋上に出てきたのがわかった。そこで振り向いたのだが――階段から追いかけてきた足音だけが、彼の前まで駆けてきた。

後日、この社屋には昔から座敷童子《ざしきわらし》のような子どもの幽霊の噂があることを知った。

それから時が経って、今から一〇年ほど前に老朽化した社屋の建て替え工事が行われることになった。震災基準に合致した七階建てのビルを建てるにあたり、整地作業をしたところ、旧社屋の真下から防空壕の遺構が掘り起こされ、そこから人骨が発見された。

例の幽霊の正体はこれか……と、噂を知る社員はみんな腑《ふ》に落ちた次第である。

さて、さらに五年が経過した。会議の中休み、社食の自販機にジュースを買いにいった後輩が妙に慌てたようすで戻ってきた。見れば顔が真っ青だ。「どうした?」と学さんは訊ねたが、首を横に振るばかりで何も言わない。

そこで学さんも社食の方に行ってみた。すると、会議室と社食に挟まれた部屋から紙に鉛筆を走らせるような音が聞こえてきた。

部屋を覗いたら、鉛筆を握って作文か何かを書いていた坊主頭の子どもと目が合った。

その瞬間、足音の記憶が鮮やかに蘇った。「君が……?」と心の中で問いかけた途端、男の子はニコッと微笑んで、鉛筆や紙もろとも消えてしまった。

第七二話　久寿餅と大霊団

勤続三〇年の商社マンである学さんは、ある大学教授のお宅を訪問することになった。先方からお招きに預かったのだが、仕事の上ではこちらが協力を仰ぐ立場である。

教授は年輩ではあるし、敬意を表す手土産が要るだろうと思っていたところ、たまたま訪問当日の午前中に実家の付近に行く用事ができた。

学さんの実家は大田区の池上本門寺から近く、この寺の参道には池田屋という老舗和菓子屋がある。生前、彼の祖母が好んでいた《久寿餅《くずもち》》の店だ。葛粉から作る葛餅ではなく、でんぷんを発酵して作った餅はもっちりとして歯切れも良く、きな粉と黒蜜をたっぷりかけて食べると実に美味い。縁起の良い字を当てた商品名も悪くない。

……というわけで彼は池田屋の久寿餅を買って教授宅へ行き、「つまらないものですが」と社交辞令を述べつつ鞄から久寿餅を詰め合わせた箱を取り出そうとしたのだが。

「池田屋の久寿餅ですね」

そこにいた教授夫人が、箱を見せる前に言い当てた。

「驚きました。その通りです。どうしておわかりになられたのですか？」

「あなたのために、大霊団がうちへ下見にいらしておりましたから。『手土産に池田屋の久寿餅を持たせた』と仰ってました、その大霊団の方たちが」

学さんはなんと返したらいいかわからず、一瞬、固まってしまった。

教授を見ると、こうした妻の言動に不安を感じるようすもなく、和やかに微笑んでいた。

その後、食事がふるまわれた。教授夫人が用意した料理はどれも美味しかったが、久寿餅と大霊団の衝撃が去らず、なんとなく緊張していたところ、夫人が彼の顔を覗き込んで曰く。

「来たわよ」

「……何が、ですか？」

「○○さん。あなたのお祖母《ばあ》さまが、今、ここに来ていらっしゃるわよ」

彼は箸を取り落とした。祖母の名は変わっていて、まぐれであてられる代物ではなかった。

「お祖母さまによると、お宅では、昔、×××をよく召しあがっていたんですって？」

「ああ、×××って自然健康食品ですね。たしかによく食べさせられていました」

「◇◇の胃腸にも、ゲンノショウコのような自然由来のものが効く、とお祖母さまが」
◇◇は父の名で、たしかに胃腸を患っているが、これも家族しか知り得ない情報だ。
――学さんは、視える人は実在するのだと思い知った。

第七三話　四人目

専門商社の東京本社に長く勤めている学さんは、いわゆる下戸《げこ》で、酒をまったく受け付けない体質である。さらに好きでもない女性に愛想を振りまかれるのも苦手だ。なのに、ときどき仕事上の付き合いでその種の店に行かねばならないのは困ったことであった。

昨今は社会の気風も変わったのでだいぶマシにはなったが、三〇歳ぐらいまでは先輩の言いなりになるしかなく――その夜も、先輩社員たちに連れられて、そういう店に入った。

学さんたちの人数に合わせて、四人の女性が近づいてきた。この店のしきたりなのか、先輩たちを見ていると、サービスを担当する女性と握手をしてから席に着くようだ。

年長の先輩から先に着席した。最後に学さんの番になって、女性が右手を差し伸べてきた。少しやつれているが綺麗な人だと思った。だが、出された手を握ると氷のように冷たい。

ボックス席に、奥から順に先輩・女性・先輩・女性・先輩・女性と座っていって、学さんと氷の手の彼女が通路側の端っこに腰を下ろした。

そして学さんと彼女以外の六人はすぐに会話が弾みだしたのだが。

「すみません。僕、不調法で。一滴も酒が飲めないんです。会話も下手だし、困ったな」

「いいんですよ。今夜は私もはしゃぐ気分じゃありませんから。病み上がりで……」

聞けば、少し前まで病気で長期入院をしていて、体がまだ本調子ではないという。だからあんなに手が冷たかったのかと合点がいった。それからしばらく聞き役に徹していたら気に入られたようで、「三ヶ月後に、このお店にまた来てください」と言われた。また来てくれというのは常套句《じょうとうく》だろうが、三ヶ月後？　何かの記念日だろうか……。

やがて、みんなで帰ることになった。ここは、受け持った客を女性たちが建物の出入り口まで見送る習慣らしい。

ところが学さんについた彼女は、具合が悪くてそこまで歩いていけないと彼に訴えた。「お願いですから、おぶって行ってくれませんか」と手を合わせて懇願する。しょうがないので後ろを向いて「どうぞ」と促すと背中に体重を預けてきたのだが、まるで氷嚢《ひょうのう》を担いだかのようだった。血が通っている人体とは思えない温度だ。

それでも彼女は地面に下ろすと自分の足で立ち、学さんを見送ってくれた。

店から離れると、先輩のひとりが「女の子をつけてやらなくてごめんね」と彼に謝った。「僕も接客されましたよ」と言っても「いいから、ごめんて」と取り合ってもらえない。

釈然としなかったが、三ヶ月後にたまたま、またその店に行く機会を得た。

だが店の人々も、前回、彼を接客した女性はいなかったし、そんな女性には心当たりもないと口を揃えた。

第七四話　霧の中から現れた

我が故郷・八王子が誇る霊峰、高尾山《たかおさん》には、霧に包まれた森を表す《高尾の翠靄《すいあい》》なる成句がある。青々とした夏山の頃に濃霧が出ると、文字通り翠靄の景色が見られる。

学さんは登山が好きだ。近郊の低い山ならひとりで行くこともある。夏のその日は高尾山の稲荷山コースを歩いていた。ここは元は林業用の通路で観光客は少なく、杉と檜《ひのき》の森林に囲まれている。朝は霧雨が降っていたが、思い切って来てよかったと彼は思った。白い霧が一面にたなびき、樹々の緑を淡く滲《にじ》ませて、なんとも神秘的な光景である。

頂上にだいぶ近づいたとき、濃い霧の中から人影が現れた。

中肉中背の中年の男だ。分厚いダウンジャケットを着て、黙々と道を下ってくる。

学さんは挨拶をせずにやり過ごした。

山には幽世《かくりよ》の住人が出没し、うっかり挨拶をすると連れていかれると聞いていた。

さきほどの男は一見ふつうの登山客に見えたが、装備が真冬のそれだった。

第七五話　入水戒名

昭　二《しょうじ》さんは福井県で仏具屋に勤務している。仏具や仏壇の納品や下取り、あるいは集金や営業のために、宗派を問わず、近県を含む広い地域の寺院を巡り歩いてきた。

最近怪談にハマり、お寺で「そういう話ありますか？」と訊ねるのが癖になった。

あるとき県内の古刹の住職から「けっこうあります」という頼もしい回答が得られた。

「つい先日も、ここと同なじ日蓮宗の寺から『何をやっても寒い寒い言うて苦しんでる女性の檀家さんがおられるで、助けてくれませんか』と相談された。病院に診せても、そのお寺で厄払いしても治らんちゅうで……先祖を辿りなさいとアドバイスした。すると……」

住職に相談した寺とはまた別にその檀家さんの菩提寺があり、そこに怪しい女の戒名が保管されていることが判明した。一緒に、檀家さんの数代前の先祖であることが明記された紙も見つかり、そこには戒名は授けたが供養しなかった旨とその理由も記されていた。

「痴情のもつれで入水自殺したで、家名を汚す者として闇に葬られたんです。そこで私が供養するでと言うて、その菩提寺から戒名をファックスで送らせたところ、うちのファックスがギギッと詰まって……で、ようやく出てきた紙が、なんと湿ってたんですわ」

濡れていたが戒名は読めた。そこで供養した結果、その檀家さんの悪寒が治ったという。

第七六話　お性根抜き

仏壇や墓を廃棄あるいは改葬する際に、そこに宿っている魂を僧侶に抜いてもらう儀式が必要になる。閉眼供養・魂抜き・御霊抜き・お性根抜き……と地方や宗派のよりさまざまな呼ばれ方をしているが、福井の仏具屋・昭二さんはお性根抜きと言っていらした。

「お祓いを能《よ》くするご住職が、厄介な雛《ひな》人形を預かってるとボヤくで、何が厄介なのか訊ねたら、古くからうんと大切にされてきたせいで、想いを残したまま亡くなった女性が何人かいるで、一度や二度、お経を読んでさしあげたぐらいではお性根がなかなか抜けんと真顔で言うんですよ。それを聞いて、私はちょっこし恐ろしくなりまして……」

なぜなら、昭二さんは要らなくなった古い仏壇などを引き取る際には、特に気を遣わずに、荒っぽく扱ってきたので。無論、引き取る際に、お性根抜きを済ませたか訊ねはする。

しかし、みんな「済んでいる」と答えるのだ。今まで一度の例外もなかった。

「粗大ゴミとして雑に扱うてきましたが、中にはお性根抜きが完全でねえ仏壇もあったんでねえかと思います。……どうか祟られてませんように……くわばらくわばら」

第七七話　団地の女

昭二さんと妻が暮らす団地の敷地は兵営跡地だ。敷地内に昭和三九年に建立された記念碑があり、その昔は、兵営の周辺は商店街や花街でにぎわっていたとのこと。

同じ団地に彼の姉も住んでおり、ここに来てから怖い夢に悩まされるようになったと言っていた――まず、家の四隅でパンパンと柏手《かしわで》を叩くような音がして、次に三〇代くらいの裸足の女が階段を上ってくるビジョンが鮮明に頭に浮かぶ。女は姉が住む階の廊下へ、そして玄関へと歩いてきて、ついに枕もとに立つと彼女の顔を見下ろして――いつもここで目が覚める。夢とは思えないリアリティがあると思っていたら、先日、とうとう団地の集会所でその女を視てしまったと彼に話した。

――団地の世話役になって集会所の鍵を預かった。夜七時から会合がある折に、直前に行って鍵を開けたら、派手な赤っぽい着物をしどけなく羽織り、裸足で立っていた――。

昭二さんはこれを妻に話した。すると妻は、「あら、私もおんなじ幽霊をここの集会所で視たことがあるわ」と言った。だから「女だけが視る幽霊かも……」と思ったそうだ。

第七八話　マンションのエレベーター

子どもの頃に萌咲《もえ》さんが住んでいたマンションは、総戸数一四〇、八階建ての大きな白い建物だった。エレベーターは二基付いていたが、部屋の多くがファミリー向けだったから住人が多く、通勤通学の時間帯には二、三人で乗り合わせることもよくあった。

今は老人世帯が増えたようだ。しかし現在二九歳の萌咲さんが小中学生の頃は、ここに住む大人たちはほとんどみんな働き盛りで、だから平日の昼下がりになるとマンション中が静まり返った。

九歳のある日、もう忘れてしまったが、何か理由があっていつもより早く授業が終わった。通っている小学校は道路を挟んだ向かい側。「起立・礼・さようなら」の挨拶をしてから三分も経たず、マンションのエントランスに到着した。

萌咲さん家族の部屋は五階にある。エレベーターに乗り込んで「5」の階数ボタンを押した。ドアが閉まりはじめる……と、そのとき、閉じかけた扉の隙間からズボンを穿いた脚が見えた。乗るのかな？　そう思って急いで「開」ボタンを押した。

「ありがとう」

乗ってきた男がお礼を言った。萌咲さんは「いいえ」と短く返した。

「学校はもう終わり?」と男が話しかけてきた。

「ええ。今日は特別……」と彼女は答えた。男は「そう」とうなずいた。

四〇代ぐらいの、どこにでもいそうな、ふつうの男だった。このマンションで見かけたことはなかったけれど、住人全員の顔を知っているわけではない。むしろ知っている人の方がずっと少ないのだから、それだけで怪しむべき理由にはならない。

間もなく五階についた。そう言えばこの人は階数ボタンを押していない、と咄嗟に気づいて萌咲さんは男の方を振り向いた。

するとスチール製のエレベーターの壁がじかに目に入った。後退りして下りながら、信じがたい思いで誰もいない空間を見つめた。

エレベーターのドアが静かに閉じた。カゴはまだこの階に留まっている——空気だけを抱えて。

急に怖くなってきて、萌咲さんは走って家に帰った。

第七九話　祟る机

今から一七年ほど前のこと。クラリネット奏者の春恵《はるえ》さんは、その頃、近所の中学で吹奏楽部の指導をはじめたばかりだった。娘の萌咲さんは小学六年生。自分の子どもと年頃の近い生徒たちを教えることに面白さとやりがいをすぐに見い出し、この仕事に誘ってくれたN先生に感謝した。

N先生は音大の先輩で、ここではベテランの音楽教師だったが、管楽器には明るくなかった。そこで後輩の春恵さんに声を掛けたわけである。こういう経緯があるので、春恵さんとN先生は急速に親しくなり、家族の悩みやこの中学校の問題についてなど、他人には聞かれたくないことまで話し合うようになった。

春恵さんは、娘の萌咲さんには霊感があり、頻繁に奇怪な体験をするようだと打ち明けた。

N先生は、この中学では六年ほど前から教師の病気や怪我が相次いでいて、それが決まって、職員室で同じ机を使った教師ばかりなのだと春恵さんに話した。

「そうや。娘さんに霊視してもろうたら、原因がわかるかもしれん」

N先生はいったん思いつくと退かなかった。強くお願いされたら、春恵さんの立場では断りづらい。そこで萌咲さんに相談してみると「ええよ」という返事。

次の日曜日、さっそく萌咲さんを連れてきて、N先生の案内で職員室へ向かった。

「この机なんやけど……」とN先生が一台の机を指し示した。なんの変哲もない、教員用の事務机だ。今は誰も使っていないらしく、机の上が空になっている。

春恵さんとN先生が見守る中、萌咲さんはその机だけではなく、職員室の中全体に視線を走らせて――「わかりません」と言った。

それを聞いてN先生はホッとした顔になり、「わからないということは、特に変わったことはないということやね？」と萌咲さんに訊ねた。

「次から次へと病気や怪我をしよんのは、やっぱし単なる偶然なんや……」

すると萌咲さんは首を横に振って、残念そうに「いえ、違うんです」と応えた。

「こないにいっぱい幽霊がおるのに、なんでその机だけが祟るのかが、わからないんです」

一九九八年、兵庫県で、父親が夫婦喧嘩の最中に日本刀を持ち出し、止めに入った息子を誤って刺し殺してしまうという痛ましい事件が起きた。

亡くなった少年は当時この学校に通う中学生で、問題の机は、彼の担任教師が使っていたものだという。

第八〇話　怖い人たち

萌咲さんの父方の祖父は、彼女が六歳のときに急死した。

父方の親族の多くが兵庫県に暮らしているのに、代々の墓と菩提寺は奈良県にあった。

そこで親戚一同で相談して、葬式は元の菩提寺で行うが、それ以降の法事やふだんの墓参りには神戸市内のとある寺院の永代祠堂《えいたいしどう》を使うと決めて、分骨して供養料を納めた。

およそ一年後、永代祠堂で合同彼岸会の法要があり、萌咲さんと両親も参列した。

春恵さんは、合同彼岸会法要の後、娘の萌咲さんの太腿が傷だらけになっていることに気づいた。血が滲むみみず腫れや赤紫色の小さな痣《あざ》でいっぱいだ。

法要の前は真っ白で綺麗な脚だった。娘はずっと隣の椅子でおとなしく座っていた。

何があったのか娘に訊ねたら、「お堂の中にいた怖い人たちに、抓《つね》ったり引っ掻いたりされた」とのこと。

——それ以降、萌咲さんは祖父をはじめ父方の親族の法事を免除されている。

第八一話　覗き見

萌咲さんが高校生の頃のある夜、自分の部屋で携帯電話を弄《いじ》っていたところ、背後から軽い圧迫感を覚えた。誰かが間近に立っているかのような……。

部屋のドアは閉まっている。両親はそれぞれ、居間や寝室でくつろいでいるはず。

当時の携帯電話はいわゆるガラケーだったが、簡易なメール機能が付いていた。彼女はそれを使って友人とチャットしている最中だった。

チャットに集中したかったが、後ろの気配は去っていかない。錯覚ではなさそうだ。

しかたなく振り向くと、自分と同世代と思しき女の子が携帯の画面を覗き見していた。

ギョッとしたけれど、生来、霊感があって不思議なことには慣れている。

幽霊にチャットの内容を覗き見されても実害はないと判断して、放っておくことにした。

友人とチャットを続け、しばらくして振り返ったときには、さっきの子は消えていた。

第八二話　サイトウさん

孝幸《たかゆき》さんは岡山県在住のカメラマンだ。二〇一一年五月から約三年半、彼は自転車で全国を駆け巡った。旅に出発したときは二八歳で、帰ってきたときは三一歳になっていた。

自転車旅行を思い立つ前は、ちょっと自堕落な生活を送っていた。

その日も明け方まで岡山の繁華街で遊んでいて、帰宅したのは午前六時。

実家住まいだった。両親と弟が目を覚まして活動を始めたところへ帰ってきたわけだ。

ひどく酔っていたので、シャワーも浴びずにベッドに引っくり返った。

目を閉じてもしばらくの間は、家族が立てる音が聞こえていた。洗面所で水を流す音、台所で包丁を使う音、テレビの音。しばらくすると、「いってきまーす」と元気に挨拶して弟が出掛けていった——あいつは偉い。立派な社会人になった。毎日ごくろうさん。

玄関ドアがバタンと閉じた。門がキィと軋んだ。足音が遠ざかっていく。

と、そのとき、隣の弟の部屋から変な音が聞こえてきた。

——ゴットン——。

たとえば、墓石とか石地蔵とか、大きな石の塊をゆっくり倒したような音だ。

弟が出勤する前なら、部屋で倒れたのかと思ったかもしれない。

驚いていると、次に間近で猫が「ニャー」と鳴いた。

え？　飼ったという話は聞いていないぞ……と戸惑いながら鳴き声の方を見ようとしたら、体が動かなくなった。瞼と眼球だけは自由になるが、声も出ない。

気ばかり焦り、恐怖が募った。

ひたすら目玉を動かして周囲のようすを探っていたところ、ベッドを寄せているのとは反対側の壁の中から裸足の足音がヒタヒタと迫ってきた。

壁を抜けて、フローリングの床を踏んで歩いてくる。姿は見えない。透明人間だ。

それは途中からヒタヒタヒタッ……と足を速めて、ベッドの枕もとまでやってきた。

怖さが極限に達して、孝幸さんは強く目を閉じた。その直後に耳もとで男の声がした。

「サイトウさん」

そして気配がフッと消え、同時にふつうに動けるようになった。

部屋にはなんの痕跡もなかった。猫もいない。

――孝幸さんの苗字はサイトウではなく、男の声にも心当たりがなかった。

この出来事から間もなく、彼は長い旅に出て生涯の仕事を見つけるのだが、旅行中にサイトウさんと運命的な出逢いをするでなし、さっぱりわけがわからないとのこと。

第八三話　寝るのに好い場所

二〇代の終わり頃から三〇代のはじめまで全国を自転車で旅していた孝幸さんは、旅の途中から本格的にカメラマンを志すことになった。旅先で撮った風景などの写真をネット通販して旅費の足しにするうちに、撮る面白さにあらためて目覚めたのだ。カメラを買い替えたり撮影機材を揃えたりし、真剣に技術を追求しだして、腕も上達した次第だ。

今では仕事が引きも切らず、写真撮影用のスタジオも経営されている。

さて、そんな彼だが、旅行の直後は沖縄県のウェディング会社に就職した。

その会社で執り行う結婚式や婚礼写真を撮影する、専属カメラマンになったのだ。

沖縄には全国津々浦々から人が来る。観光客ばかりでなく、美しい南国の海を背景に挙式して、ついでに新婚旅行もしようと考えるカップルもやってくるのだ。

ここで撮影する新郎新婦は孝幸さんにとってはお客さまだ。気分よく楽しんでいただいた方が良い表情が撮れるので、コミュニケーションも大切である。

幸い全国くまなく旅していたので、話の種には困らない。

そのときも、これから撮影する新婚カップルに「どちらから？」と話しかけた。

「栃木県です」と新郎が答えると、すかさず「栃木なら知ってますよ。栃木のどちら？」

と訊ねた。新郎新婦は顔を見合わせ、田舎だから知らないと思う、と尻込みしたが、「いいから言ってみてください。僕は三年半も日本中を旅行していたので」とプッシュした。

「さくら市です」と根負けした新郎が答えた。

「ああ、さくら市！　知ってますよ！　喜連川《きつれがわ》温泉、温泉パン、氏家《うじいえ》うどん……。僕は旅先でお世話になった方の手紙を届けながら移動していて、さくら市も手紙の配達先でした」

新郎新婦が興味を示してくれたので、「手紙をお渡ししたいのに、宛先の家の人が旅行か何かでお留守で、しょうがないから近くの潰れた中古車ディーラーの建物で三日も寝泊まりしていました。敷地の奥にある工場の建物が寝るのにもってこいで……」と続けた。

新郎新婦は目を見合わせた。ややあって、なんとも微妙な表情で、新郎が「幹線道路沿いの○○という中古車ディーラーの工場ですよね？」と訊いてきた。

その通りだったので「ええ」と答えると、

「そこ、経営者が首を吊って自殺した場所ですよ。敷地の奥まった場所にあるから遺体が発見されるまで時間がかかって……。まさか、工場の出入り口に近い、天井に梁が突き出しているところで寝てたなんてことは……？」

まさにその「まさか」。彼は遺体がぶらさがっていた場所の真下で寝ていたのだった。

第八四話　夢の人形（上）

本書の「五六年目の真実」の語り手、滋賀県の会社経営者・吉雄さんから人形にまつわる怪異体験談をうかがった。

今から二年ほど前の冬のある日、吉雄さんは奇妙な夢を見た。

午後、自宅の台所で食器を洗っていると、後ろから妻に話しかけられた。

「これ、どうしたらいいかな？」

振り向くと、妻は胸の前に顔をこちらへ向けて人形を掲げていた。背丈は四〇センチほどもあって、けっこう大きい。西洋人の少女を模した古臭い人形で、ソフトビニール製の顔をして、髪は明るい茶色のカーリーヘア、クリーム色のワンピースを着ていた。

しかし、たいへんに汚れており、顔は煤《すす》けて薄黒くなり、服はボロボロに傷んで得体の知れない染みだらけ。おまけに髪の毛に枯れた木の葉が絡みついていた。

返答に窮していると、妻は「とりあえず、ここに置いておくね」と言って人形をそばの壁際に座らせて、洗面所の方へ立ち去った。すぐに手を洗う音が聞こえてきた。

吉雄さんは皿洗いを再開したが、洗い終えて水を止めると、背中に視線を感じた。

そこで振り返ったところ、さっきの人形が立ちあがっており、こちらに向かって歩いてくるではないか！

この家の台所はアイランド型だ。彼は〝島〟の後ろ側に回り込んで逃げようとした。

すると人形も〝島〟を回って追いかけてきた。

グルグルと台所の周りを回りながら逃げるはめになった。やがて人形が大きくなってきたことに気がついた。しかも次第に顔が変化して、人間らしさを備えはじめた。

何周目かに、さらなる発見があった——人形が妻の姉にそっくりになってきたのだ。

なぜ義姉《あね》に似る？　わけがわからず混乱しながら尚も逃げていると、人形が「ねえッ！○○○○だよねッ？」と詰問してきた。

何を言っているのか聴き取れなかったが、高飛車でキツイ性格の義姉の口調そのものだ。

目が覚めるとすぐに、吉雄さんはこの夢について妻に話した。単なる変な夢だと思っていたのだが、妻はこれを聞くと真顔になって「その人形を知っている」と言った。

「昔、お祖母ちゃんが私にくれた人形かも。お姉ちゃんに奪い取られちゃったけど」

妻はすぐに姉のスマホにメッセージを送り、人形について訊ねた。即座に返信があり、そこに人形の写真が添付されていた——今も姉の手もとにあったのだ。

汚れ方や髪の木の葉までまったく同じ、昨夜の夢の人形だった。

第八五話　夢の人形（下）

吉雄さんは義姉から送られてきた人形の写真をK先生に視てもらった。

「これはマズいですね。こういう抱き人形は赤ん坊と同じです。空の器にもたとえられますが、愛情を注げば良い子になるのです。でも、これでは育児放棄されているようなものです。長い間、打ち捨てられていたせいで、変な魂が入ってしまった。こちらに送っていただければ、お祓いをしましょう」

K先生のお堂は北海道の山奥だ。一方、吉雄さんの家は滋賀県で、義姉の家は千葉県。

思案していると妻が「あら、ちょうどいいじゃない」と述べた。

「受験で上京するから、ついでに義姉《ねえ》さんのところへ行って、人形を預かってくるわよ」

大学を受験する息子に付き添って、妻も都内のホテルに滞在する予定になっていた。

東京から千葉は近い。息子が試験を受けている間に往復できる。

妻と息子の東京滞在は三泊四日だった。四日目、たまたま台所で皿洗いをしている最中に二人が帰ってきた。まだ洗い終わらないので、皿洗いを続けながら「お帰り！」と言うと、後ろから妻に話しかけられた。

「これ、どうしたらいいかな？」

振り向くと、妻は胸の前に顔をこちらへ向けて人形を掲げていた。

――あの夢にも、これと同じ場面があった。

吉雄さんは急いで人形をK先生に送った。護摩を焚いてお祓いしてもらい、お祓いの状況は写真や動画で即時に送られてきた。しかし肝心の人形が、一週間経っても返されない。

そこで問い合わせたところ、「まだ動いているので返せません」という返事。

「お祓いの後で人形を納めた箱がカタカタ鳴っているんですよ。中で動いているうちは危ない。完全に静かになったらお届けします」

そんなとき、義姉が人形を返せとせっついてきた。あんなに汚れるまで放置していたのに、なぜか急に執着しだした。早く返せとうるさくて仕方がなかったが、少し思うところがあって、待たせた。

お祓いからひと月ばかり後にK先生から人形が宅配便で送られてくると、妻が人形に新しい服を手作りした。実は夫婦で相談して、人形がここに帰ってきたら、すっかり綺麗にしてあげようと決めていたのだ。髪を梳《と》かし、全身を拭き浄めた上で新調したドレスを着せた。

それを妻がしっかりと抱いて、義姉の千葉の家まで運んだ。人形を引き渡すにあたって彼女は「この子を大切にしないといけないよ」と、懇々と姉に説いて聞かせたそうである。

第八六話　ハイハイ

あるとき、勝良《かつよし》さんが勤めていた理容室のオーナーが、支店として美容室を開くために美容師の資格を有する店長を雇った。すると開店からほどなくして、親睦を深めようと思ってか、新店長が勝良さんたちに麻雀大会をしようと呼びかけた。

定休日に自宅を開放するから是非いらっしゃいと誘われて、理容室の店長や後輩たちと一緒に参加した。昼から出前を頼み、ビールを飲《や》りながら麻雀を愉しんだ。六、七人いたのでときどき交代しながらダラダラ遊んでいるうち日が暮れてきた。

全員アルコールが回って座が乱れてくると、店長が「実は俺は霊能力者や」と言いだした。「霊が視えるのはもちろんのこと、降霊もできるんや」と豪語する。

勝良さんたちは冗談だと思い、「マジですか」「またまたぁ」などと口々に言いながら面白がっただけだったが、ただひとり、大阪出身の新人Aだけが「じゃあ見せてくださいよ」と真顔で噛みついた。

すると店長は「よし、わかった」とAに応えて立ちあがり、窓の方を向いて印を結ぶと目を閉じて念じるそぶりを見せた。

五、六秒もそうしていただろうか。なんとなく固唾を呑んで店長を見守る雰囲気になってきた。やがて店長が目を開けると、彼の視線を追って窓の方を見て――。

「うわぁ！」と真っ先に叫んだのはAだったか、それとも他の誰かだったか。勝良さん自身かもしれない。部屋中がたちまち阿鼻叫喚に包まれて、我先に逃げ出す大騒ぎとなった。

――血塗《ちまみ》れの赤ん坊が外から窓ガラスに張りついていたのである。

しかもその赤子はガラスを擦り抜けて部屋の中へ入ってきた。

外に飛び出してから鞄やリュックなどを店長の家に置いてきてしまったことに気づいたが、誰も戻る気にはなれなかった。

仕方がないので歩いて理容室に行って、みんなで一晩明かし、翌朝、荷物を取りに戻った。

玄関で出迎えた店長に、まだアレはいるのかと訊いたら、少しうんざりした表情で「おるよ」と答えて曰く、「帰ってくれと頼んどるんやけんど、赤ん坊やけん言葉が通じんようや。そこいらじゅうハイハイするけん、気ぃつけな足を引っ掛けてつまづきそうや」。

もう店長の能力を疑う者はいなかった。リュックや何かは昨日の部屋にそのまま置いてあるから適当に持っていけと言われて、みんなでおっかなびっくり家に入った。

どういう加減か、例の赤ん坊は店長にしか視えなくなっており、勝良さんたちが立ち去るまでの間、彼は床を這いまわる何かを黙って目で追っていた。

第八七話　大王病院まで

勝良さんは二〇年ほど前に故郷に戻り、三重県志摩市で両親の理容室を継いだ。

彼がいなかった間に町はさまざまに変化しており、最寄りの総合病院が増改築されて、名称も変更されていたのもそのひとつだった。

かつて地元では「大王病院」という通称で呼ばれていた病院で、五〇年代の初めに埋葬墓地の跡に建設され、六〇年代後半に今の場所に移転したら、そこもまた墓地の跡地だったというういわくつきなのだが、明るい雰囲気のモダンな建物に生まれ変わっていたので――。

彼はある日、「こないだ親父の薬を貰いに大王病院に行ったら、すっかり綺麗になっていて見違えてしまいましたよ」と年輩の男性客に鏡越しに話しかけた。

するとその人が「大王病院と言ったら、変なことがあった」と言った。

「そのときは夕方で、だえぶ暗うなっとった上に雨も降りよったんやけんど、どげでも必要なものがあって、急いで車で買い物に出たんや。……で、しばらく走ったら、女の人が小さな女の子を連れて傘も差さんで歩いちょうのを見つけた。濡れねずみだよ、かわいそうにと思うて『どこまで行くのや』と訊いたら『大王病院まで』答えるけん、『乗りない』言うて、車を停めてドアを開けようとしたら、いつの間にか二人とも後部座席に座っとったんや。やけんど、なんでか不思議でなく、顔が似とうけん親子やなぁ思いながら『どこが悪えんや？　嬢ちゃんか、お母さんの方か？』と。そっから『二人ともや』『そら大変やな』てちいと会話をしたんやけど……」

会話はあまり長く続かなかった。病院の建物が近づくにつれ女が言葉少なになり、やがて親子揃って下を向いて押し黙ってしまったのである。

これは相当に体の具合が悪いのだと思い、慌てて車を飛ばして大王病院に到着してみたところ、後部座席が空になっていた。……どれだけ見ても誰もいない。

「歯の根も合わんぐらい震えが来て、車のドアを開けて誰もおらんところへ『はよ、降りてってんな』て頼むと、もう買い物どころじゃのうて、うちに帰って蒲団を頭まで引っ被って寝たんや。そげしたら具合が悪うなってきて、結局、三日も高熱にうなされた」

この話を聞いた勝良さんが、何を怖いと思ったかといえば、昔々、子どもの頃に、父がお客さんから聞かされたといって、そっくり同じ話をしていたことであった。

第八八話　ペタペタ

そのとき優姫《ゆうき》さんと彼氏は共に一八歳。二人とも昭和生まれの八王子っ子で、いつもデートのときは彼のＳＵＶパジェロに乗って行った。ＳＵＶパジェロはオフロードに適しており、急傾斜にも強い。

夏の深夜、滝山城跡のそばの急坂に駐車して抱き合い、いよいよというときに、ペタペタという妙な物音を耳にした。彼も目を丸くして身動きを止めた。

ペタペタペタペタ……。湿り気のある音だ。濡れた路面を裸足で歩いているかのような。

今日は夕立ちがあった。道路はまだ乾いていない。

ペタペタという足音は体重が軽そうだったので、優姫さんは四、五歳か、せいぜい六、七歳ぐらいの小さな子どもを想像した。

しかし、二人で窓越しに車の外を見回してみたが、子どもの姿はどこにもない。

季節外れの寒気を覚えて、彼のアパートに急いで帰った。

駐車場で車から降りたとき、かたわらの街灯がリアウィンドウを照らした。

――そこには小さな手形が幾つも捺《お》されていた。

第八九話　燕

群馬県吾妻郡出身の由芽《ゆめ》さんの生家には、燕《つばめ》と火事にまつわる言い伝えがある。

曾祖父が子どもの頃に土蔵から火が出て母屋まで延焼し、かなり財産を減らしてしまったのだが、その火事の原因が、土蔵の庇にあった燕の巣を叩き落としたせいだというのだ。

その頃、家で雇った下働きの男が小さな生き物が大嫌いで、ヤモリや蛙《かえる》も見つけ次第、石や棒で叩き潰して殺すので、曾祖父の親たちが「非情なことばかりすると祟られる」と言ってたしなめていた。しかし一向に反省せず、毎年、土蔵に来ていた燕がいつものように来て巣作りすると、家人が見ていない隙に竹箒の柄でつついて巣を壊してしまった。巣には卵がいくつかあったが、それも下駄で踏みにじって駄目にした。

その日の夜更けに土蔵から火が出た。この辺りでは燕を獲ると蔵が焼けると信じられてきたから、卵を殺せば獲ったのも同然だと言って、下働きの男を家から追い出した。

その後、蔵を建て直したが、燕は二度と来なくなった。

由芽さんも実家で燕を見たことがないという。

第九〇話　いわくつきの土地

八王子出身の優姫さんが通っていた公立中学校のそばの川沿いに、大きな木造の建物が何棟も連なっているところがあった。学校の先生にあれは何かと訊ねたところ、だいぶ前に閉鎖した製糸工場だと教えられた。

かつて八王子は桑都《そうと》として名高く、盛んに絹糸を生産していた。

「昔はあの工場で女工さんが働いていたんだよ。君とほとんど歳が違わない少女も少なくなかった。仕事が辛くて、たまに川に身投げする人もいたそうだ」

閉鎖した工場だと聞いて、優姫さんは内心、首を傾げた。

横を通りかかるたびに、機械を思わせる「カタン」という無機質な音を耳にしていたので。登下校のたびにカタンカタンと聞こえてきた。もう閉鎖しているはずなのに……。

非常に気になっていたが、やがて中学校を卒業して、その道を通ることもなくなった。

再び同じ場所を訪れたのは、数年後、二〇歳の頃だった。

当時付き合っていた大学生が、製糸工場跡地の隣に住んでいたのだ。そこは学生専用のワンルームマンションで、円筒形のような変わった形のビルが五棟ぐらい、くっつき合って建っており、彼の部屋はそのうちの一棟の一階にあった。

部屋の床が三角形なので、初めて行ったときは驚いたものだ。

製糸工場があった場所にはヨーロッパの古城のような建物ができていて、彼によれば、そこは高級ホテルで、あの建物はイギリスから一九世紀の教会を移築したものだという。

彼はさらに「あそこも、ここも、江戸時代の処刑場の跡地なんだって」と訊いてもいないことを解説しだした。

「刑場や首洗い場や生首を晒していた場所なのに、慰霊碑が見当たらないようなんだよ。あのホテルの近くの大和田橋には第二次大戦中に焼夷弾が散々落ちたそうだし、ホテル寄りの橋のたもとのところにある交差点は死亡事故多発地帯だって……」

折しも深夜二時。丑三つ時に聞きたい話ではなかった。優姫さんは「やめてよ」と抗議した……と、その声に被せるように部屋のすぐ外で足音が。

「ああ、また来た」と彼が平坦な声で述べた。「目を覚ましていると気づいちゃう。たぶん毎晩来ているんじゃないかな……」

「何が来るの？」と優姫さんは恐るおそる訊ねた。彼が「僕には視えないけど、裸足の人がそこの壁を抜けて外から入ってきて、反対側の壁の中へ消えていくんだ」と答えた直後に、暗い部屋の隅で床がミシッと鳴った。

第九一話　出そうなモーテル

モーテルというと、ヒッチコックの映画「サイコ」の殺人鬼、ノーマン・ベイツの前日譚を描いたテレビドラマ「ベイツ・モーテル」をすぐに想い起こしてしまう私だが、実際にモーテルを利用したことはごく若い頃の二、三回しかない。

ちなみに日本のモーテルは、およそラブホテルだ。私が行ったところもその手の宿で、うち一軒の所在地は八王子だった。

優姫さんが三〇代の頃の恋人と入ったモーテルも、八王子市内にあったという。市内といっても中心街からは大きく外れた秋川《あきがわ》の近くの山沿いで、ローマ字を並べた看板の後ろは鬱蒼とした森であった。黄昏どきに隣のコンビニに立ち寄ったところ、この看板が目に留まり、思いつきで訪ねてみたのだ。

することをしてひと眠りしていたら、壁が揺れるほどの激しい物音で目が覚めた。四方の壁と天井が金槌《かなづち》か何かで繰り返し叩かれている。そうとしか思えない音に、彼女は恐慌を来たして隣で寝ている恋人を揺り起こそうとした。

この騒音の中で眠っていられるわけがないと思うが、なぜか彼は目覚めない。信じがたいことに熟睡していた。

——そうだ！　フロントに電話だ！

そう思いついて枕もとの固定電話に手を伸ばしたとき、玄関の方から怪しい気配が押し寄せた。震えながら振り向くと、戸板を擦り抜けて人の形をした白い靄《もや》の塊が侵入してきた。のっしのっしと大股にベッドの足もとを通りすぎて、その先にあった壁の中へ歩み去った。動作から推して男のようだ。

いつのまにか騒音は止んでいた。呆気に取られて壁を見つめていたら、「ウーン」と彼が大きく伸びをした。目を開けて「どうしたの？」と訊いてきたので、かくかくしかじかと話すうちに彼の顔色が変わってきた。

「ヤバい。出よう」と言う。時計を確かめたらもう午前一時を過ぎていたけれど、ひとりで恐怖に耐えていた優姫さんには是非もなかった。


この話を聞いて、件のモーテルをＧｏｏｇｌｅマップで捜した。いくつかのヒントに助けられて位置を特定できたのだが……。

あきる野市と八王子市の市境付近に高月城《たかつき》という戦国時代初期の山城跡を有する丘があり、件のモーテルとは反対側の麓に建つ廃業したラブホテルが、有名な心霊スポットだった。

第九二話　妹から聴いた話（一）良い子良い子

八王子のご当地怪談本『八王子怪談』を書くにあたって妹をインタビューしたところ、特に八王子らしさが感じられない体験談も少なからずあった。同書に収録しなかった、そうした話のうち、短くて不思議なものを紹介したいと思う。

ちなみに妹はシンガポールに本社がある株式会社の代表取締役で、不出来な姉とは違い、たいへん理知的な人である。


二〇年ほど前、彼女は某多国籍コングロマリット企業の日本支社で働いていた。

あるとき、仕事を終えて下り電車に乗り、京王八王子駅で降りると、改札前の雑踏の方から視線を感じた。

見れば、子どもとも大人ともつかない不思議な人物が、三メートルぐらい離れたところに佇んで、こちらへ視線を向けていた。

時刻は午後七時頃、駅構内が最も混む時間帯だ。

引っ切りなしに人々が行き交う中で、その人だけが動かない。背がずんぐりと低く、おかっぱ頭で古臭いデザインの黄色いセーターと茶色のズボンを身に着けているのだが、子どもにしては頭が大きすぎ、目と目の間が離れすぎていて……なんだか人間らしくない。

一瞬、ギョッとしてしまった。だが、すぐに思い直して反省した。なんらかの障碍を持った人だろうと推察したのだ。そして、あんなに熱心に見つめてくるからには何か訊きたいことがあるに違いないと考え、そっちへ近づこうとした。

しかし彼女が歩み出す前に、先方が、人混みを突き抜けて一メートルほど接近してきた。それを見て、彼女の頭に「ワープ」という言葉が浮かんだとか……。つまり瞬間移動を目の当たりにしたわけだ。驚愕して立ちすくんでいると、またヒュンッと近づいてきた。こちらを凝視したまま、ヒュン、ヒュン……と都合三回のワープで、目の前に立たれた。気づけば三〇センチも離れていない至近距離にいた。当初の印象よりも小さく、身長は一メートルと少しぐらい。まばたきを一切しないことも、このときわかった。

さすがに恐怖に囚われてしまったが、それは妹に逃げる隙を与えずニッコリと微笑みかけると、精一杯、腕を伸ばし、つま先立ちをして、優しく頭を撫でてくれたそうだ。

「良い子良い子ってするみたいに頭をナデナデされて、『え？』って固まっていたら、パッと消えちゃった」とのこと。

第九三話　妹から聴いた話（二）怪奇現象

現在は大学に通っている妹の長男が幼児の頃、おもちゃのパトカーが真夜中に急にサイレンを鳴らしだしたことがあった。

最初は、故障だろうと思い、寝る前に電池を抜いておいた。

ところが翌日の深夜零時頃、他にも幾つかあった音が鳴る玩具がすべて一斉に音を立てはじめた。怖いことに電池を抜いたはずのパトカーまで鳴っている。

とうとう長男が目を覚まして、泣きだすかと思えば、泣かない。

「背中が丸いおじいさんとおばあさんがいて『怖くないから遊ぼう』って」と言って、仏間におもちゃを運びはじめた。

他にも、夕方になると障子《しょうじ》に女の影が映る、火事でもないのに火災報知器が繰り返し鳴るなどの現象が起きるようになり、妹だけではなく、両親も怪異に気づいた。

そこで、高尾山の薬王院で破魔矢《はまや》を貰ってきて玄関の上に飾り、台所の神棚には土地神である白山神社のお札を祀った。

そして仏壇にご飯と水をお供えして、家族全員で毎日、手を合わせて、晩年はともに背中が丸かった祖父母を含む先祖を供養していたところ、つい最近、怪異が止んだ。

第九四話　妹から聴いた話（三）颪の女

「中学生のとき、夏、窓を網戸にして眠っていたら、ザザザッとカーテンが鳴った。その音で目が覚めたら、明け方で、うっすらした明かりの中で、風で膨らんだカーテンが女の形になっているのがわかった。ハッとしたときにはもう遅くて、その女は私に飛び掛かると、カーテンの端で首を締めてきた。苦しくて気を失って……目覚まし時計で起こされた」

隣のベッドで寝ていた私は、その間、何も気づかず、すやすや眠っていたそうだ。

第九五話　妹から聴いた話（四）喪中

私が前夫と結婚して家を出た後、しばらくして差出人不明の手紙が届いた。

夕刊を取りに行ったら、郵便受けにふつうに届いており、縦書き用の封筒に納まっていた。

送り主の名前や住所が記されておらず、この家の住所と郵便番号のみ、震える手で書いたと思しき小刻みに線が波打つペン字で書かれている。

これだけでも少し変だが、宛名になんとも言えない怪しさがあった。

《高橋先生夫人様》と記されていたのだ。

父は大学教授であるから、母宛に違いない。しかし母は心当たりが一切ないと言った。

そこで二人は、高橋先生こと父が帰るのを待った。

そして三人で思い切って封を切ってみたところ、綺麗に畳んだ便箋が一枚入っていて、真ん中に大きく、これもやはり震えるようなペン字でこう書かれていた。

《喪中》

閑話休題◆ささやかで不気味な、うちのこと

この八月に上梓した『八王子怪談』の序文にも書いたのだが、私の怪談処女作は、実家にいた頃の体験談を綴った「八王子」という作品である。

それ以降も、実家や家族、親族が登場する不思議な実話を、何度か書いてきた。共著書に収録されているものもあるので、いつの日か「実家モノ」だけを選りすぐってまとめてみたいような気がする。すでに一冊分の分量はあるのではないか。

とはいえ、私や私の家が特別なわけではない。生まれ育った家とその周辺で体験した不可思議なことを語るインタビュイーさんは、非常に多い。過半数は確実と思われる。

そして、ささやかな出来事がほとんどだ。

この「喪中」が典型的な例だ。もしかすると単なる嫌がらせの類かもしれない。でも、不気味で怪談的な味わいがある。こういう話も私は好きなのだが、一〇八シリーズ以外には収録しづらい。一〇八話中一話か二話くらいは赦してください。そんな気持ちだ。

最近も、「ときどき、朝の六時頃に玄関ドアがノックされる」という話を聴いた。出てみると誰もいない。週に二、三回、もう一年も続いている。……怖くないですか？

第九六話　仮眠室11番とサンバダンサー

宏雪《ひろゆき》さんが勤務している工場には、個室になった仮眠室がある。寝るためだけの部屋だからごく狭く、とてもシンプルな造りで、割り振られた番号以外、どの部屋にも違いがない。

それなのに11番の部屋だけが避けられていた。その原因については、実しやかに噂されていることがあるにはあったが、いい歳をした大人が信ずるに足るものではなかった。

しかし、たまたま11番の仮眠室で寝た結果、宏雪さんは噂の真相を知るに至った。

そこのベッドに夜、横たわって目を閉じ、眠りに落ちて――足首を掴む手の感触で彼は目を覚ました。そして驚いて足もとを見たところ、ほっそりした白い指が左右のくるぶしの上に絡みついていたのである。

女の手だが、体温を感じない。二の腕から先だけで、顔や体は闇に紛れていた。膝を曲げて咄嗟に足を抜こうとすると、逃すまいとするかのように握力を強めて引っ張りはじめた。

――作業員の間で囁かれている噂どおりであった。

「11番の仮眠室で寝ていると、明け方、女の幽霊に足首を引っ張られる」

では、その後はどうなるのか？　それについては誰も知らないようだった――。

この稿を書くにあたって、私は宏雪さんにあらためて「その後」について確認した。

すると彼は「実は憶えていません」と答えた。

「気づくと女の手が消えていて、時計を見たら明け方でした」

これを聴いて私は、何が起きたか記憶していないこと自体を不気味に感じたのだが、如何だろうか。ともあれ、彼によれば、11番仮眠室のそばで女の幽霊を目撃した同僚もおり、そこに幽霊が出ることは紛れない事実として作業員の間で広く語られていた、とのこと。

だが、今はもう、その幽霊は消えた。とある同僚がそこで寝るたびに般若心経を唱えたところ、出なくなったのだ。

宏雪さんは、三年前に自宅で遭った怪奇現象の方が、これよりも恐ろしかったという。

金縛りに遭って目を覚まし、悪戦苦闘の末になんとか寝返りを打つことができた瞬間、音もなくサンバを踊る女が目に飛び込んできた。

音楽はない。しかし、ちょうど神戸まつりのサンバを見にいった直後でサンバダンスの特徴は記憶に新しく、彼女が踊っているのがそれに違いないことは疑うべくもなかった。

こんどは金縛りではなく恐怖で体が痺れて、逃れられなくなった彼の前で、その女は一晩中、満面の笑みで踊り狂い、窓から差し込む朝日に包まれながら消えていったのだった。

第九七話　たっちゃん池から帰るとき

東京都東村山市にある宅部池《やけべ》には、大正時代にここで起きた水難事故に由来する《たっちゃん池》という別名がある。

一九二五年七月二一日、当時一〇歳の「たっちゃん」こと関田辰夫さんが遊泳中に溺れ、二人の青年が救助に向かったが、彼らの姿も水中に消えてしまった。後に、三人とも変わり果てた姿になって池の底から引き揚げられた。

小さな池で、流れもなく、なぜ泳ぎが達者な三人が溺死したのかは不明である。

この事件が起きてしばらくすると、深夜ここから子どもの泣き声が聞こえてくる、あるいは岸辺に立ったり水の中に入ったりすると白い手が伸びてきて水底に引き摺り込もうとするといった噂が囁かれるようになった。

現在は多摩湖に隣接した都立狭山公園の一部になっており、池の端《ほとり》に遊歩道とウッドデッキが設置されている。池の周りには紅葉が多く、紅葉の季節の景観には一見の価値があるという。とはいえ心霊スポットとして紹介するウェブサイトが多数あるため、肝試しに訪れる物好きも少なくない。

冬真《とうま》さんと香弥《かや》さんが三年前の夏に訪ねたのも、たっちゃん池でゾクゾクする気分を味わうためだった。二人とも実話怪談や都市伝説が大好きで、同じ高校の一年生。どちらの家も狭山公園まで自転車で行ける距離にあったので、午後六時半に公園の最寄り駅の駅前で待ち合わせて目的地に向かった。

五分ぐらいで池のほとりに到着し、自転車を置いて暮れなずむ遊歩道を歩いてみた。水の上に張り出したウッドデッキのベンチに腰掛けて、完全に日が沈むのを待った。

やがて辺りが暗闇に包まれると、それぞれ用意した懐中電灯を点けた。

冬真さんが池を照らしていたところ、突然、ひと抱えもありそうな白い鯉が跳ねた。香弥さんが悲鳴をあげるのと同時に、幼い子どもがどこかでアッと叫んだ……と冬真さんは思ったが、香弥さんには聞こえていなかった。

それから帰途についた。冬真さんは香弥さんを家まで送り届けてから、自宅に帰ろうとした。しかし、どれも似通った一戸建てが立ち並ぶ住宅街で自転車を走らせるうちに、道を誤ってしまったようだった。そこで彼は地図を確かめようとしてスマホを取り出した。

ところがいつの間にか電源が切れていて、どうやってもスマホが起動しない。

——明け方、彼は家に辿り着いた。香弥さんと別れてから八時間も経っていたが、彼の体感としては迷っていたのは一時間程度で、急に空が明るんできたので驚いたとのこと。

第九八話　落ち武者

佑二《ゆうじ》さんは、高二の夏休みに中学時代の同級生たちと南房総の岩井海岸を訪れた。仲間のひとりが伯父の民宿にただで泊めてもらえるというので、総勢八名で旅行したのである。二泊三日の予定だったが、出立当日は夕方に着いたので、食事と入浴を済ましたら雑魚寝するだけで終わってしまった。そのぶん翌日は、朝から海岸で思い切り遊んだ。

八人のうち二人が砂浜で地元の女子大生をナンパして、その夜は民宿に戻らなかった。すると旅の言い出しっぺである旅館の甥っ子が、残る五人に「肝試しに行かない？」と提案した。彼には土地勘があった。なんでも、民宿から徒歩で行けるところに『南総里見八犬伝』の舞台になった山があって、夜は雰囲気が抜群だという。

佑二さんは曲亭馬琴の『南総里見八犬伝』なら、読んだことはなくともタイトルとあらすじぐらいはなんとなく把握《はあく》していた。それすらわからない者も『ドラゴン・ボール』は知っており、あのモデルになった八つの玉があると聞くと興味をそそられたようすになった。

「でもさぁ、八犬伝もドラゴン・ボールも作り話だよね。なんで玉があるの？」

などと疑問を口にするのもいたが、民宿の甥は「伏姫《ふせひめ》と八房《やつふさ》はマジで実在したんだと思うよ。だってお姫さまと犬が籠った洞窟が実際あるんだから。それにこの近くの川って、夜中になると、せせらぎが犬の鳴き声に聞こえてくるんだぜ……」と胸を張った。

みんな「マジかよ」と目を輝かせて、夕飯が済むとさっそく出掛けた。

しばらく歩き、やがて車数台が停められる駐車場に着いた。奥に瓦屋根を頂き、縁側まで備えた一見お堂のような建物があったが、よく見ると出入り口の上に《御手洗》と掲示されていたので公衆トイレだとわかった。また、その横には同じく瓦葺きの屋根がある門があり、民宿の甥によればそこが登山口ということだった。

登山口の方へ駐車場を突っ切っていこうとしたとき、落ち武者が、トイレの建物の縁側に腰をおろしていることに、六人同時に気がついた。

ウワーッと叫ぶヤツ、固まるヤツ……反応はさまざまだった。佑二さんは民宿の甥と目を丸くして顔を見合わせた。

落ち武者は全身から悲壮感を滲ませて、深くうつむいていた。ザンバラ髪で甲冑《かっちゅう》を着て、長槍を右手で立てて持っている。戦に負けたのだ、と佑二さんは咄嗟に思った。

民宿の甥と一緒に再びそちらを向いたら、落ち武者の姿は、もう視えなくなっていた。

第九九話　伏姫籠穴にて

――前項の佑二さんの話の続き。

さて、一行は気を取り直して山に登りはじめた。ここは富山《とみやま》といって、里見八犬伝ではこの山麓の富山洞に伏姫と愛犬八房が籠り、ここで姫は八房の気を受胎、しかるのちに身の潔白を証明するために切腹。すると仁・義・礼・智・忠・信・孝・悌八つの玉が腹の裂け目から飛び出すのである。

「これが、その玉か」

とば口に《伏姫籠窟》と彫られた古そうな石碑があり、懐中電灯で奥を照らすと八つの文字をそれぞれに白いペンキで書いた黒い球体が並べて置いてあった。

「……これより、さっきの落ち武者の方が凄かったよな?」

誰かが言うと、民宿の甥を除く全員が深くうなずいた。そいつだけは「去年より玉がデカくなってるよ!」などと騒いだが、誰も同調しなかった。落ち武者のインパクトが強烈すぎた。お蔭で、登山口の横に掲げられていた伏姫籠穴《ろうけつ》の解説の面白さも霞んでしまった。

《伏姫籠穴は、いつ、誰の手により掘られたものなのか（中略）伏姫も八房も文学の中に登場する架空の主人公であるはずが、現実にこうして我々の眼前に存在する事実を、私た

ちはどのように理解すればよいのか、真に神秘的であり幻想的であると言えよう（以下略）》

山を下るときも、六人の話題は、先刻の落ち武者についてに終始した。

誰かが「合戦で負けた直後みたいだったね」と述べた。「そうだね」と佑二さんも少し興奮しながら言った。「甲冑を着て、長い槍を右手で持ってたね！」

四人は「そうだった！」と彼に相槌を打った。

しかし、ひとりだけ、変なことを言いだした。

「俺たちに気づくと、立ちあがって槍を振り回してたっけ！　凄い迫力だったたな！」

そいつは、みんなの表情を見ると、「え？　違うの？」とうろたえた。

――佑二さんや民宿の甥を含めて他の五人が目撃した落ち武者は、がっくりと肩を落としてしょげ返っていたのだった。

南房総の富山および館山城址の城山公園ある『南総里見八犬伝』に関するものは、どれも昭和五七年頃に観光資源として創られたものだ。だが城山公園は戦国武将・里見忠義の居城跡だ。館山藩は江戸初期に成立したが、政争に巻き込まれて二〇年で改易、忠義は激しい失意の中、二九歳で病没したという。

第一〇〇話　トンネル霊の声

ひと昔前まで、郊外の少年たちの多くは一六、七歳になると原付免許を取って、いわゆる「原チャリ」——小型スクーターを乗り回したものだ。

今からおよそ二五年前、当時一六歳の佑二さんもそうだった。千葉県中西部の都市に生まれ育った彼は、数人の仲間と原チャリであちこち出歩くようになった。

また、彼が通っていた高校は珍しくバイク通学が許されていた。

袖ヶ浦市の国道沿いに、先輩や同級生が登下校の折によく通過するトンネルがあり、入学からしばらくすると、佑二さんの耳にこんな噂が届いてきた。

《トンネルのそばの廃屋で昔、一家心中か殺人か何かで人が死に、その後、あのトンネルには幽霊が出るようになった》

嘘か真か、試してみようと思って仲間二人を誘い、夜中に原チャリでトンネルを訪れた。

「バイクを三回吹かすと出るって先輩が言ってたよ」

「マジか。どりゃ！」

三人で一斉にブオンブオンと三回続けて吹かしてみたが。

「出ねえじゃん」

「つまんねえの」

「ガッカリだな」

何も現れそうにないのでシートにまたがったままひとしきり文句を垂れて、そろそろ行くか……となったとき、

「ウワーッ！」

と、男の叫び声が、三人以外、誰もいないトンネル内に反響した。

大慌てて逃げ帰り、翌日、学校の教室でこの話を披露していたところ、聴いていた女子のひとりが「私んち、そのトンネルのすぐ近所だよ」と言った。

「だから知ってるんだけど、あのトンネルの入り口の手前に建ってる家って今は廃屋だけど、前は中年の男の人が独り暮らししていて、あるとき首吊り自殺したんだよ」

佑二さんは、それを聞いて青ざめた。それまでは、幽霊といえば髪の長い女だという思い込みがあったのだ。だから、たしかに昨夜、トンネルの中にも付近でも人影を見なかったのに男の声がしたのは怪しいことだったが、まだ半信半疑でいたのだ。

しかし彼女のひと言で、あれが幽霊の仕業だったことが決定的になった次第であった。

異論もありそうだが、國學院大學の飯倉義之准教授やオカルト研究家の吉田悠軌先生によれば、日本産の都市伝説の第一号は七〇年代の口裂け女だという。

私も、既刊の拙著に、首なしライダーなど都市伝説がらみの実話を書いたことがある。

最近では、吉田悠軌先生が、拙著『一〇八怪談　鬼姫』に収録した「秋津《あきつ》の本屋」の秋津駅周辺が従来の〝きさらぎ駅〟のような異界モノの新しい舞台になりつつあると仰り、吉田先生ご自身も「秋津駅～新秋津駅」という怪談を語られている。

第一〇一話　紅葉

現在四一歳の佑二さんが青春を過ごした九〇年代の房総半島にも都市伝説が存在した。

ひとつは《地図に載らない村》。これについては本書で当地の住人の証言を後述する。

大坪山《おおつぼやま》の巨大モニュメント《東京湾観音》にも、都市伝説めいた定型的な言い伝えが幾つかある――かつては観音像の腕などに設けられた展望台から飛び降りる自殺者が後を絶たなかった。そのため展望台に柵が付けられたが、夜になるとここから次々に転落する幽霊たちが視える――などというものだ。

しかし、東京湾観音の古参スタッフの証言などから、これは昨今では信憑性が薄い風評だとする説が有力なようだ。五六メートルという高さが、暗い妄想を誘ったのだろうか。

佑二さんが高校生だった頃には、東京湾観音へ行く途中の観音隧道《ずいどう》というトンネルで車のクラクションを三回鳴らすと、トンネルから出てきたときに車の窓ガラスに赤ん坊の手形が無数についているという噂が信じられていた。

一七歳の頃、検証するために友人と二人で真夜中に行ってみたが、原チャリではダメなのであろう、観音隧道を通ってみても特に何も起きなかった。

面白くないので展望台から夜景でも観ようと思い、その足で東京観音を訪ねたら、出入り口が施錠されていた。またあてが外れてしまったわけだ。

しかし、観音像の近くの管理小屋の横にブランコがあるのを見つけた。

乗ってみようと二人で近づいたところ、友人が「ちょっと待て」と佑二さんを引き留めた。

そして黙ってブランコの座板を指差すので、見れば板の中央に、ひとひらの紅葉のような小さな手形が捺されていた。

鮮血に浸した赤ん坊の手がべったりと付いたように見えたという。

第一〇二話　暮年《ぼねん》の友

年の瀬までまだいくらかあるという晩秋だというのに、日暮れから真冬のように凍てついてきて、慌てて綿入れを出した、そんな夜のことだった。

昌枝《まさえ》さんが寝る支度を整えていると、さっきまで昏々と眠っていた夫が咳込んで目を覚ました。彼は肺炎をこじらせて、ここひと月ばかり寝付いている。七〇代に差し掛かったばかりなのに、あれよあれよという間に老け込んだ。

立て続けの咳の合間にヒューヒューという厭な音が混ざり、肩で息をしている。

背を起こして支えてやりながら、「救急車を呼びますよ」と昌枝さんは声を掛けた。

「……今、マコさんの家に遊びに行ってきたよ」

熱に浮かされているんだわ、と昌枝さんは思った。

マコさんは若い頃から夫の親友だった人で、家族ぐるみの付き合いも昔は盛んだった。しかし数年前に病気で亡くなっている。

電話を掛けてほどなく、救急車が到着した。すぐに入院させて昌枝さんも寝ずに付き添ったが、病状は悪化の一途を辿り、一週間後、彼女の夫はとうとう帰らぬ人となった。

お通夜には、マコさんの妻も弔問に訪れた。

そこで昌枝さんは、夫が「家に遊びに行ってきた」と口走っていたのを想い起した。

考えてみればお互い未亡人になってしまった。懐かしさもあり、お斎の折に話しかけた。

「亡くなる一週間くらい前に、夫が夢でお宅へ遊びに行ったようなのよ」

するとマコさんの妻は軽く驚いた表情を見せて、「そういえばね」と思い出すようすになりながらひそひそと打ち明けた。

「ちょうどその頃、夜、居間のソファで休んでいたら、玄関の引き戸がカラカラと開いたかと思うと、カラカラッ、ピシャンと後ろ手に閉めるような音が聞こえてきたの。でも見に行ったら誰もいなかった。てっきり誰か来たのかと思ったのに」

夫たちがマコさんの家で再会している場面を想像して、未亡人二人はクックックッと笑った。


この話を若い孫にしてやると、孫は「お祖父ちゃんは生霊を飛ばして親友に逢いに行ったんだな」などと言っていたが、昌枝さんには、死を目前とした夫の霊と亡くなってからのそれとが、大きく違うとは思われなかった。

晩年の人の魂は、次第に幽霊に近づいているのやも――。

第一〇三話　視える子

未世子《みよこ》さんのひとり娘は、一三歳になる現在ではそうでもないが、幼い頃には幽霊が視えた。

まだ団地で暮らしていた頃、玄関のドアが開くのを異様に恐れるようになったので、何が視えるのか娘に何度も訊ねたことがあった。

しかし当時の娘はまだ二歳。

「怖いよぅ。閉めて、閉めて！」と泣くばかりで、さっぱりわからない。

玄関のドアの外はどこにでもある殺風景な団地の廊下で、変わった点は何もなかった。

場所は神戸市某所で、世間を騒がせた未成年者による陰惨な殺人事件の舞台として知られている。だが、この団地の棟は事件現場からは離れており、ここに関係者が住んでいたという話も聞かない。

二歳になったのを機に保育園に預けることにしたのだが、何しろ玄関のドアが開くのを嫌がるので、毎回、声を限りに泣き叫ぶ娘を力づくで抱きかかえて運び出すしかなかった。いずれ虐待が疑われて児童相談所か警察に通報されてしまうのでは……と、それも怖かった。

外廊下にいるそれは、ドアが少し開いただけでも娘の視界に入るのだから、娘とおっつかっつの身長か、さもなければ戸口を塞ぐほど、うんと大きなものなのだろう。

もちろん、視えない者が想像しても埒が明くわけがない。

しかし、そこにいる何かが恐ろしい姿を備えているようにだんだん思えてきたものだ。

姿か、あるいは娘には感じられる魂の質が、ひどく禍々《まがまが》しいのではないか、と。

それというのも、娘が怖がらないお化けもあったので。

たとえば代々の墓に連れて行くたびに、娘は「ひいおばあちゃんがいる」と怯えるふうもなく、むしろ嬉しそうに言うのである。

死んだ曾祖母は善い幽霊になっているに違いなかった。

では、玄関の外にいるものは……？

第一〇四話　新築物件

今から一〇年近く前、未世子さんたち夫婦は家を購入する計画を立てた。住み慣れた街を離れるつもりはなかったので、近場で探していたところ、夫が良い物件を見つけた。

住んでいる団地から徒歩一〇分足らずの場所で、四五坪の家が驚くほど安く売りに出されていた。平均的な価格の三割引き以下の破格値だ。すぐに売れてしまう、と夫は焦り、明日は仕事があるから自分は行けないが、できれば見てきてほしいと彼女に頼んだ。

そこで四歳の娘の手を引き、教えられた住所を訪ねたところ、そこはモダンな新築の分譲住宅地の一角で、周囲の家はみんな売れていた。

その家も非の打ちどころがなかった。角地にあるから不動産屋の派手な幟《のぼり》が遠くからでも目につき、これがなぜ売れていないのか不思議だった。

しかし、その場で不動産屋に電話で問い合わせたら、原因がわかった。

「綺麗なおうちでしょ？　でも実は元々そこに建っていた家で男性が自殺したので、新しく建て替えたんですよ！　よろしければ今からでも内見可能ですよ？」

――対応してくれた担当者の声が奇妙に明るく、それがかえって不気味だった。

電話を切って、娘の方を振り向くと、その家の二階を見上げていた。

手を引いて帰りながら、「あのおうち、どう思った？」と娘に訊いてみた。

するとと娘が言うことには「二階の窓から女の人がこっちをじいっと見てたよ」——。

不動産屋によれば亡くなったのは男性なのに変なことを言うと思ったが、とりあえず、訳ありだったと夫に報告した結果、別の家を探すことにした。

間もなく無事に良い家を購入して、引っ越した。

それから三年ほどして、近所のママ友だちと会話するうちに、話の流れでなんとなく、件の物件について話したところ、意外な反応が返ってきた。

「そこ知ってる！　あそこの家は有名よ」とママ友が述べたのである。

「うちの人の実家があの近くやから、お義母《かあ》さんたちからいろいろ聞いてるわ」

「不動産屋さんは、男性が自殺したと言っていたけど……」

「ちょっと違うわね。お父さんが二〇代のお嬢さんを殺してから自殺したのよ」

あのとき、未世子さんの目に映った二階の窓辺には、人影などなかった。

娘が視た女性は、無理心中の犠牲者の霊だったのかもしれない。

——ちなみにその家は、今では人が住んでいるのだが、なぜか常に二階の窓のシャッターが閉め切られているそうだ。

第一〇五話　父の筍

一〇一話で述べたように、千葉県には、かつて《地図に載らない村》と呼ばれて都市伝説化した地域があった。ここでは夷隅《いすみ》郡のどこか、と記しておく。

彼の地に住む人々の物語を、私は『実話奇譚　夜葬』という本に「夷隅の想い出」という題で綴ったことがある。

そのときの語り手、栄太郎《えいたろう》さんから、このたび新しい体験談が寄せられた。

深い森の奥に孤絶した、刻が止まったかのような小集落で、昔ながらの暮らしを守る栄太郎さんの家は、村ではタカミドンという屋号で通ってきた。タカミドンは分家筋だが、モトヤシと呼ばれる本家の屋敷跡の管理も任されている。モトヤシとタカミドンの敷地は同じ山の尾根を挟んだ裏表にあり、この一帯では春になると筍《たけのこ》が獲れた。

筍はタカミドンの大切な収入源だ。少年の頃から父と手分けして収穫してきたが、栄太郎さんが五二歳になった今年、老父は脳溢血に斃れた。夕飯の途中で箸を落として意識を失い、コロナ禍の一月半ばにすぐに入院したが重態で、意識を取り戻したとしても、右半身麻痺と失語症は必至だという。

——昨年までは、八幡さまの祠がある山の稜線辺りが、猪《いのしし》の食害に遭っていた。

三月になり、栄太郎さんが山に登ってみると、やはり尾根伝いの参道の周辺に猪の痕跡があり、早くも幼い筍が掘り返されていた。野生動物が嫌う匂いのペレットを散布し、辺りの樹々に動物よけのテープやヒモを何重にも巻きつけたところ、四月の収穫本番を無事に迎えることができたのだが——。

筍の頭が出ている所、土が盛り上がっている所に、ことごとく竹の枝が刺さっていた。これは、彼の父がいつもするやり方だった。収穫前に山を踏破して、竹の小枝で筍に目印を付けておくのだ。

風でたまたま飛んできた小枝が刺さったとは考えられない。彼が猪除けをした八幡さまの周辺も、尾根を越えたモトヤシの辺りにも、目印の枝が何百と立っていた。

——父は、竹を植林した祖父の先見の明を尊敬し、この山を誇りにしていた。

栄太郎さんは父の魂が土に挿した目印をひとつ残らず丹念に探した。筍はいつにない豊作で、これも父と祖霊の導きのお蔭だと思った。

その後、母が、担当する医師と看護師に「今年は栄太郎が筍を掘っている」と父への言伝を頼んだところ、それを聞いた父が、意識がないと思われていたにもかかわらず、満足そうな笑みを浮かべたと知らされた。

第一〇六話　叔父の樹

Ｇｏｏｇｌｅマップが普及するまでは、地図に載らない幻の村と思われていた栄太郎さんたちの山里だが、少なくとも一七四〇年代までは祖先を遡《さかのぼ》ることができるという。彼は、その頃からここで暮らしを営み、山と墓を守ってきた人々の末裔だ。

去年は、叔父の骨を山に埋めた。叔父は肺癌であっけなく逝去したのだが、この山の樹々の根もとに眠りたいという遺言を残した。

樹木葬の許可を取るのに一年近くかかったが、叔父が生まれ育ったタカミドンの里山を見晴らす場所に、ちょうどよく杉の大木が生えていた。

叔父の遺骨をさらしに巻いて、その木のそばに深く穴を掘って埋めた。埋め戻した土の上には栄太郎さんの母がさまざまな草花を植えた。

栄太郎さんは、三月の彼岸の入りを迎えるにあたり、山の墓を手入れしに行った。千日草とラベンダーなどが育って、花を咲かせていた。通路の雑草を毟って掃き浄め、花々に水やりをした。そして最後に叔父の骨を埋めたところにジョウロで水を注いだところ、白い煙がスッと上がった——ゆっくりと空気に溶けて消えてゆく。

翌日、母と連れだって、叔父の杉の木を目指して歩いた。

歩きながら、昨日見た不思議な煙のことを母に話すと、母がポツリとこう言った。

「最初の頃は、いつもウロウロしていたよ」

――叔父の骨を葬った直後から母は週に何度もここに通って花の手入れをしていたのだが、来るたびに、背広を着た叔父が木の周りを所在なさげに歩きまわっていたのだという。

「ここでいいんかな？　誰ぞ来ないかな？　そんな感じでそわそわ落ち着かないようすだったけれど、そのうち安心したのか、出なくなった。私と栄太郎だけじゃない、みんながお参りに来ていたからね。ここで眠っていていいんだな……と、わかったんだろう」

生前、叔父は愛犬を遺して旅立つことが心残りのようで、この犬が死んだら自分の木の下に埋めてやってほしいと言い遺した。

栄太郎さんたちは、叔父の願いを叶えるつもりだという。さまざまな意見はあろうが、私には彼らの願いと弔う心がとても美しく感じられる。

第一〇七話　鬼やんま

栄太郎さんの父は、この八月三日に永眠した。

昨年一月に脳溢血の発作を起こして死線をさまよい、わずかに快復の兆しが見えたときもあったのだが、その後、肺炎を何度か繰り返して七月下旬には危篤を宣告されていた。

亡くなる前日の黄昏どき、突然、栄太郎さんの部屋にオニヤンマが迷い込んできた。

お盆になると祖霊がトンボの背に乗ってやってくると信じられてきた地方は珍しくない。

この夷隅の里では、お盆の夜に家に入ってきた虫は死者の化身だと言い伝えられてきた。

——お盆には早いが、まさか父が。

オニヤンマは出口を求めているように見えた。窓を開けてやると、茜《あかね》色の雲がたなびく西の空へ翔んでいった。

西方は浄土に通ずる。

没する太陽を見送りながら、栄太郎さんは父の死を覚悟したそうだ。

この話の最後を彼はこんなふうに結んでいた。

「その後も、父の畑で揚羽蝶にしばしば遇います。蝶も死者の化身だと言いますから、畑のようすを見にきているのでしょう。父は、丹精込めて作物を育てていましたから」

蝶を目で追うとき、彼の瞼には若い頃の父親の姿も映っていたに違いない。

さて、本稿を仕上げる前に、栄太郎さんの亡父の四十九日が済んだ。

その席で、彼は母といとこ（樹木葬にした叔父の娘たち）に、私に取材を受けたことを告白したそうだ。

皆さん、歓迎してくださったとのことで、真にありがたく思う。

「以前書いてくださった『実話奇譚　夜葬』は、母が生きていた証ともなり、またこの村で〝あったる事〟を切り取った、大切な本です。先日お話しした叔父についても、確かに此の世に存在したこととして活字になるであろうと、いとこたちに伝えました」

地図に載らない村と呼ばれた時期もあった山深い隠れ里。そこに生きる人々と自然に想いを馳せつつ、栄太郎さんの話をひとまず終える。

第一〇八話（跋）飛縁魔

あたかも飛縁魔を地で行くような女が犯した犯罪といえば、近年では首都圏連続不審死事件や鳥取連続不審死事件などが代表的だ。死刑が確定した彼女らの美醜はさておき、獲物と定めた相手の欲情を巧みに利用にして、奪うべきものを奪った末に平然と殺《あや》めるというパターンが、規模をうんと小さくした妲己《だっき》のようでもあり、つまりは飛縁魔的なのだ。

しかしながら未だ露見することなく、塀の中にいる彼女らよりもずっと華麗に悪事を続けている妖怪じみた女がいるのではないかと思う話をたまに聴く。

第一話の旅館に現れた女などがまさにそれだが、他にもある。

ネイリストの水穂《みほ》さんは、一〇年ほど前、二八歳の頃に沖縄の離島で遭った出来事が忘れられないという。

彼女はその頃、東京のネイルショップを人間関係に悩んで辞めたばかりで、日々鬱々《うつうつ》として自殺の二文字を頭にちらつかせつつ離島を訪ねた。その島のリゾートホテルでネイリストを募集していたのは、非常に好運なことであった。

最安値のゲストハウスに泊まりながらリゾートホテルに通った。そして美容室の隅に設けた簡易なコーナーで働きだしたのだが、三日目に来た客が、容易には忘れられない特徴の持ち主だった。

細面の妖艶な三〇がらみで、左手の小指と薬指の第一関節が欠けていたのだ。

その不完全な手と美貌が、深く記憶に刻まれた。そのうち彼女をホテル内のあちこちで見かけるようになり、長逗留しているのだと察しがついた。そういう客は他にもいたが、見かけるたびに異なる男と親し気にしている女は他にはいない。

どんな種類の女なのか……。さまざまに想像を掻き立てられるうちに、事件が起きた。

彼女と交際しているようだった男のひとりが、客室で首吊り自殺を遂げたのだった。

前後して、彼女の姿をホテルで見なくなった。それきり会うこともないだろうと思っていたら、自殺騒ぎから二週間後、爪の手入れにやってきた。

その手を見て、水穂さんは椅子から転げ落ちそうになるほど驚いた。

不完全ながら薬指の先があったのだ。爪もこれから生えてきそうな徴候が見受けられた。

「指、どうしたんですか」と訊くのがやっとだった。

「別に。元からこうよ」と彼女は涼しい顔で白を切った。

それからほどなく、近くの海岸で男性観光客が溺死すると、水穂さんはある予感を抱いた。

やがてその予感は小指を伴って姿を現した。在りうべからざる指を思わず凝視したところ、彼女は「前にも言ったでしょ。元からよ」と片頬で嗤《わら》い、「私はね」と付け足した。

◉参考資料（敬称略／使用順）

『衰退する街　未来の消滅都市論』飯塚敞士（パレード）
東京口コミ情報サイト《マチログ》　https://tokyo.mlog.jp/index.php
『死霊解脱物語聞書—江戸怪談を読む』小二田誠二（白澤社）
《夫に殺された妻が6人の後妻を呪い殺す…輪廻転生の怪談話「累ヶ淵」は実話だった？》著・馬場紀衣（和樂ウェブ）　https://intojapanwaraku.com/culture/122984/
日本伝承大鑑《波切神社》　https://japanmystery.com/mie/namikiri.html
《犀川白鳥湖が流失　安曇野のコハクチョウ飛来地》信濃毎日新聞ウェブ
https://www.shinmai.co.jp/news/article/CNTS2021081600699
《大月空襲忘れない、次世代へ》朝日新聞デジタル
https://www.asahi.com/articles/ASK8F5HP4K8FUZOB005.html
《Do YOU have a doppelgänger? Expert claims chances are high as 'there is only so much genetic diversity to go around'》Mail Online
https://www.dailymail.co.uk/sciencetech/article-3226170/Do-doppelg-nger-Expert-claims-chances-high-genetic-diversity-around.html

◉参考資料（敬称略／使用順）

《全国善光寺会》 http://www.zenkojikai.com/index.html
《善光寺の概要》信州善光寺ウェブサイト（善光寺事務局） https://www.zenkoji.jp/about/
《徳島不思議百物語　第14回「鳴門に人魚がいた時代」》山口敏太郎
https://note.com/bintarou/n/na76d7e3588fd
『日本の「人魚」像』九頭見和夫（和泉書院）
「毎日新聞」一九八七年六月二三日付・朝刊
『チョウはなぜ飛ぶか』日高敏隆（岩波書店）
『（フィールドガイド）増補改訂版　日本のチョウ』須田真一・永幡嘉之・中村康弘・長谷川大・矢後勝也／日本チョウ類保全協会編（誠文堂新光社）
《なぜ日本では、夏に怪談話をするのですか？（外国人留学生から見たニッポン）》國學院大學メディア／回答者・飯倉義之　https://www.kokugakuin.ac.jp/article/11192
『折口信夫全集　22』折口信夫（中央公論社）
《三輪明神　大神神社》ウェブサイト　http://oomiwa.or.jp/
『東京大学が文京区になかったら「文化のまち」はいかに生まれたか』伊藤毅（企画監修）、樺山紘一・初田香成・髙橋元貴・森朋久・松山恵・赤松加寿江・勝田俊輔（NTT出版）
《敦賀（敦賀遊廓跡地）》古今東西舎　https://kokontouzai.jp/archives/9129

《伏姫籠穴》房総タウンドットコム　https://bosotown.com/archives/21328
《「口裂け女」から「きさらぎ駅」まで―都市伝説の変容から振り返る昭和・平成の日本社会》
ニッポンドットコム／板倉君枝／解説者・飯倉義之
https://www.nippon.com/ja/japan-topics/g00789/
《幽霊が出るという噂は本当か？　B級観光スポット「東京湾観音」》TOCANA
https://tocana.jp/2015/04/post_6115_entry.html
『誘蛾灯　鳥取連続不審死事件』青木理（講談社）

一〇八怪談 飛縁魔

2021年11月5日　初版第1刷発行

著者……………………………………………………………………………川奈まり子
デザイン・DTP　………………………………………………荻窪裕司(design clopper)
企画・編集　……………………………………………………………中西如(Studio DARA)

発行人……………………………………………………………………………　後藤明信
発行所………………………………………………………………………　株式会社 竹書房
〒102-0075　東京都千代田区三番町８－１　三番町東急ビル６F
email：info@takeshobo.co.jp
http：//www.takeshobo.co.jp
印刷所……………………………………………………………………　中央精版印刷株式会社